Somos fuerza

PATRICIA RAMÍREZ

Somos fuerza

Cómo vencer la adversidad y superar todas las crisis

Grijalbo

Papel certificado por el Forest Stewardship Council®

MIXTO
Papel procedente de
fuentes responsables
FSC® C117695

Penguin
Random House
Grupo Editorial

Primera edición: marzo de 2021

© 2021, Patricia Ramírez Loeffler
© 2021, Penguin Random House Grupo Editorial, S. A. U.
Travessera de Gràcia, 47-49. 08021 Barcelona

Printed in Spain – Impreso en España

ISBN: 978-84-253-6046-6
Depósito legal: B-645-2021

Compuesto en Pleca Digital, S. L. U.

Impreso en Liberdúplex
Sant Llorenç d'Hortons (Barcelona)

GR 60466

A los héroes,
a los caídos,
a los que han padecido sin quejarse,
a los solidarios,
a la tribu,
a los que nos han sostenido,
a los valientes,
a los amigos,
a las personas con valores,
a las personas de bien,
a los responsables,
a los que han sobrevivido,
a los que han sufrido,
a todos los protagonistas de cualquier crisis

A mi familia, que es amor y red, equilibrio y luz

La adversidad forma parte de la vida. Es más fácil aprender a convivir con ella que pretender evitarla.

Índice

1

Y de repente todo tiembla...

¿Quién no ha tenido un bache en su vida, sufrido una injusticia, una situación que no esperaba, un accidente de tráfico, un engaño, una enfermedad cercana incurable, la pérdida de un ser querido de forma brusca, y que en un principio lo dejó bloqueado? ¿Quién de nosotros no ha estado confinado durante la pandemia de la COVID? ¿Cuántos sanitarios, trabajadores de supermercados, miembros de los cuerpos de seguridad, conductores, periodistas y un largo etcétera de personas no han estado expuestos a un sobreesfuerzo de trabajo y de emociones, viviendo situaciones complicadas y poniendo incluso en riesgo su vida durante esta crisis sanitaria?

La vida de todos nosotros está llena de momentos de crisis y de sus respectivas superaciones: las parejas que se separan, la pérdida de un empleo, una enfermedad, la caída de un proyecto, una puerta que se cierra, un malentendido que lo complica todo, una amiga que no reacciona conforme a lo que esperabas de ella. Los reveses no son circunstanciales, son parte de la vida. A pesar de que hay problemas de los que podemos ser más o menos responsables, no es la culpa, ni la responsabilidad, ni el problema en sí mismo lo que nos bloquea. El agente bloqueador es nuestra capacidad y nuestro poder de reacción. Importa la decisión, la convicción y la determinación para querer superar la experiencia y salir victorioso. Y salir victorioso, en la vida cotidiana, no siempre es sinónimo de ganar, sino de ser capaz de encontrar soluciones, de aceptar, de sobrellevar la situación, incluso de esforzarse, de tener la actitud y el optimismo necesarios para vivir la vida según tu escala de valores y superar lo que a otras personas les apoltrona en un sillón.

Cuando atravesamos una crisis solemos pensar que aprenderemos de ella. Pero no siempre es así. Por lo general, los errores, las crisis o los fracasos no nos proporcionan un aprendizaje. Nos dejan cicatrices. Aprender y salir reforzado después de atravesar un momento complicado no es un proceso natural que nos ocurra a todos. Es un proceso que requiere entendimiento, compasión y, sobre todo, entrenamiento.

¿Acaso no volviste a darle una patada a esa piedra con la que dijiste que no tropezarías una segunda vez? ¿No volviste a utilizar el móvil conduciendo a pesar de haber sufrido ya un accidente por ese motivo? ¿No encontraste otra vez a un Peter Pan sin ganas de comprometerse y continuaste la relación pensando que a tu lado cambiaría porque tú eres especial? ¿No dijiste que pondrías límites a tu horario y dedicación al trabajo en tu próxima oportunidad laboral y volviste a lo mismo para demostrar tu compromiso y tu eficacia? Seguramente sí. Hay muchos ejemplos de errores que cometemos una y otra vez.

Durante el confinamiento, mucha gente me preguntó en las redes: «¿Seremos luego mejores personas? ¿Esta experiencia nos cambiará?». Sí y no. Esta crisis ni nos va a convertir de forma natural en mejores personas ni cambiará nuestra escala de valores. O eso solo les ocurrirá a muy poquitos. Ahora, a toro pasado, haz memoria: ¿también tú te planteabas estas cosas? Al experimentar el sentimiento de pertenencia o al aplaudir desde los balcones a los que se entregaban por nosotros, por ejemplo, nos preguntábamos si, una vez hubiera pasado todo, seguiríamos siendo solidarios.

Los seres humanos somos hábitos, y para que una experiencia, ya sea por su dureza o por el placer que proporciona, deje un cambio en nuestro estilo de vida, además de una huella en la memoria, tenemos que elaborar un plan para que ese cambio se mantenga.

Sería genial de cara al futuro aprender de las experiencias vividas y tener en casa un botiquín repleto de recursos emocionales que pudiéramos utilizar ante cualquier crisis, tanto si nos enfrentásemos a una separación, como si nos fallase un amigo o perdiésemos el trabajo. Son auxilios emocionales que nos ayudan a aprender y crecer, a no desfallecer, a no querer tirar la toalla cuando la vida nos echa la mano al cuello.

Y eso es lo que vas a encontrar en este libro, en el que compartiremos historias de muchas personas que han sabido vencer la adversidad y superar las crisis a las que se han enfrentado y que te ayudarán a tener una mejor resiliencia.

Ante la adversidad, ¿qué nos ayuda a sentirnos mejor, a sobrellevar la situación, a confiar, a no derrumbarnos? Todos hemos afrontado crisis durante el confinamiento. ¿Qué nos ha servido en otras crisis personales, familiares, laborales? ¿Crees que tu victoria personal es fruto de la solución natural del problema, de la suerte, o que tal vez seas tú quien has intervenido en tu éxito?

No todos reaccionamos igual ante los baches. Algunas personas se bloquean y en un principio no saben reaccionar. Otras se sienten inseguras, incapaces, a pesar de que luego sí lo sean. Otras se crecen ante la adversidad, buscan soluciones, apoyo social.

Yo soy de las que, ante la adversidad, primero entro en shock.

En una especie de bloqueo emocional en el que ni siento ni padezco. Ni lloro, ni me alegro, ni me alarmo, ni me relajo. Estoy como en un estado de observación. Estar desinformada en ese momento me lleva a enmudecer y a no sentir. Y, por supuesto, a no tomar decisiones. Cuando se decretó el estado de alarma, durante la primera semana del confinamiento, por mi mente solo pasaban las palabras: «¡Coño, coño, coño!». Sí, así, a modo de triplete. Porque un solo «¡Coño!» no era suficiente para expresar lo que sentía. Ese triplete significaba: ¿Y ahora qué hago? ¿Y todas las funciones de *Diez maneras de cargarte tu relación de pareja*? ¿Y mis talleres presenciales? ¿Y las conferencias cerradas? ¿Y los hoteles y viajes reservados?

No daba crédito al giro que había dado mi vida. No estaba triste, ni ansiosa, ni siquiera preocupada. «Me he bajado del mundo, que gira a toda velocidad a mi alrededor, y no sé ni en qué parada estoy», me decía a mí misma. «Observa, Patri, y cuando te sientas preparada, súbete otra vez a la vida», me ordené.

Lo de bajarme del mundo me duró más o menos una semana. Y en cuanto mi cerebro hizo clic, me convertí en una máquina solucionadora.

Yo soy así. Invento, creo y actúo.

Ese estado de observación, de shock, lo he vivido en otras crisis personales. Como en mi primera separación. Debo decir que no fue una ruptura al uso. Fue una situación que ni la vi venir. Me rompieron, me separaron, me destruyeron. Y poco tuve que ver. Pasé varios meses en estado de observación, pensando que me estaban gastando una broma y que alguien aparecería de repente, como en un programa de televisión, para anunciarme que había superado la prueba. Pero, por más que observaba, de la pared no salía nadie para decirme: «Es broma, esto era un meme. Vuelve a tu vida».

Cuando se me pasa la etapa de shock, mi capacidad resolutiva empieza a saco. Así es, a saco. ¿Cuánto tiempo me dura el shock? No lo sé, lo dejo fluir. En la pandemia me duró una semana. En mi pérdida (porque no fue un divorcio, fue una pérdida), me duró cuatro meses. Y en el momento en que salgo del shock, siento como si la energía y la fuerza se apoderaran de mí. Mi mente empieza a anticiparse, a ir más allá, a ver la crisis como una oportunidad para reinventarme. Porque somos fuerza.

¿Qué ocurrió cuando comenzó el confinamiento? Llevaba dos años con una estrategia profesional en la que había orientado todo mi trabajo de puertas afuera. Cada vez veía menos pacientes, ni presenciales ni online. Había decidido apostar por las conferencias en empresas, por la representación de *Diez maneras de cargarte tu relación de pareja* en teatros de toda España ante un público muy numeroso, por mi labor en los medios de comunicación participando en programas de radio y televisión, y por entregarme a la divulgación, que me entusiasma, a través de mis libros y de las redes sociales.

Y, de un día para otro, todas mis fuentes de ingresos desaparecieron. Porque, aunque se anunciaron dos semanas de confinamiento, todos los actos públicos se fueron suspendiendo, incluso a meses vista. En casa somos seis y, afortunadamente, disfrutamos de buena salud y de bienestar económico. Pero con seis personas, dos universitarias, dos colegiales, y los gastos de la casa, el ahorro no es fácil.

¿Me preocupé?

La verdad es que no, por la explicación que ya he dado: ante la adversidad entro en shock, en un estado de observación, pero, a pesar de esa conmoción, no empiezo a juzgar qué será de mi vida.

Imagino que las experiencias traumáticas del pasado me tienen curtida. Y entrar en el estado de «draque» (drama y queja) tampoco es mi estilo. El «draque» es ineficaz, aburrido para uno mismo y para los demás, y no lleva a ningún puerto.

Después de esa semana pensé: «¿Ahora qué puedo hacer?». Pues empezar por seguir divulgando. «La divulgación en redes no es una fuente de ingresos —me dije—, pero hay muchas personas que se van a sentir acompañadas, a las que les voy a dar recursos, y yo voy a disfrutar con ello.» En mi proyecto de *patri_psicologa* me acompaña un equipo de trabajo maravilloso. Y a Belén, mi directora de comunicación, se le ocurrió la idea de hacer un vídeo temático cada día de la semana, con la suposición de que el confinamiento duraría dos semanas. Fueron casi tres meses. Me sentía feliz haciendo esa tarea, pero me supuso mucho desgaste. Hacer vídeos diarios requiere, por lo menos para mí, preparar un guion, memorizar los puntos, acompañar muchos de ellos de mi pizarra, subirlos a las redes, escribir el post... Lo hice emocionada, pero exigió un gran esfuerzo y fue un desgaste.

Luego me acordé de que muchísimas personas de las redes sociales me pedían desde hacía años que hiciera mis talleres online. Yo era reacia porque no me gustaba la idea de perder la cercanía y prescindir del contacto con la gente. Me gusta ver las sonrisas y compartir el disfrute. Sin embargo, hablé con Antonio Coín, el informático del equipo, y montó la plataforma para iniciar los talleres. Pronto fueron un éxito, y no solo por la asistencia numerosa, sino porque me di cuenta de que a través de este formato también podía ayudar, conectar y disfrutar muchísimo.

Y mientras retomaba la divulgación y los talleres, las empresas también se reinventaron y empezaron a solicitar los famosos webinars (conferencias a sus empleados a través de plataformas virtuales).

Y ahora me encuentro escribiendo un nuevo libro, esta guía de ayuda a la supervivencia emocional.

Todos somos resilientes, solo tenemos que dar espacio a las ideas. Es cierto que algunos partimos de una base que nos lo facilita. En mi caso, ante la situación que acabo de explicar, contaba con mis redes sociales y con todo el trabajo anterior. Sin embargo, cuando perdí a mi marido con solo treinta años y me quedé sola con una niña de seis días, sin ahorros, sin casa, sin coche, sin nada, y estuve esperando durante cuatro meses a que alguien saliera de la pared para decirme que todo aquello no era más que una broma, no tenía redes sociales, ni dinero, ni nada de nada. Solo me quedaba la esperanza, mis estudios, mi corta experiencia de seis años en mi consulta de pacientes, un grupo de amigos y una familia increíbles... y muchas narices. Llámalo como quieras. Narices, cojones, actitud, fuerza, orden natural de las cosas, fluir, rezar... Todos tenemos que tirar de algo para no quedarnos en el camino.

Nuestra manera de enfrentarnos al dolor, a la pérdida, a los problemas o a la propia aceptación de lo que no es recuperable, puede ser muy distinta si aprendemos a gestionar la adversidad desde la solución en lugar de sumirnos en el estado de «draque» (drama y queja). Conocer mi historia previa de resiliencia me ayudó a confiar en que ante cualquier drama siempre se puede hacer algo. Y hacer algo puede ser encontrar la manera de encajarlo. Porque hay pérdidas que son la crónica de una muerte anunciada, contra las que no podemos hacer nada, pero siempre nos queda la manera de decidir cómo vivirlas.

A lo largo de este libro te acompañaré con ejemplos propios y ajenos, anónimos, para descubrir cómo podemos hacer frente a la adversidad. La adversidad no tiene por qué ser tu amiga, pero sí es un elemento de la vida que debes aceptar. Dado que siempre va a estar entre nosotros, es más fácil aprender a convivir con ella que desear que no se cruce en nuestra vida. Lo de los imposibles se lo dejamos a esos gurús que creen que todo es posible en la vida. Nosotros nos vamos a centrar en la resiliencia y en sus protagonistas. Resiliente también es quien sabe tirar la toalla a tiempo y aceptar un imposible. Porque imposibles haylos... y muchos.

Todos deseamos ser resilientes. Esta virtud es la protagonista buena y compasiva de la historia de una derrota, de una caída o de una traición. La resiliencia encarna la fortaleza frente al victimismo, el poderío frente al derrotismo, el triunfo frente a la pérdida. Y es que la resiliencia es la capacidad de venirnos arriba después de haber caído. En definitiva, superarse a pesar del golpe.

¿Cómo sueles reaccionar ante la adversidad?

Hay personas que se dejan llevar por la tristeza y la apatía. Como le ocurría a María, que cuando la despidieron, después de muchos años en la misma empresa, le daba vueltas y más vueltas a lo que le había ocurrido. «¿Por qué ha tenido que pasarme a mí, con todo lo que he hecho por la empresa?» Se sentía muy desgraciada, pensaba que era la persona con más mala suerte del mundo. Y no salía de ese bucle.

«No merezco este problema, yo soy una buena persona», me decía Javier, que se había quedado en una difícil situación económica tras un desafortunado préstamo a un amigo, y se hundía en el victimismo. «Es cierto, eres una buena persona», le dije. Pero las buenas personas también tienen baches, de los que son responsables o no, pero los tienen. Ser una buena persona puede llevarte a prestar dinero a alguien que luego no te lo devolverá. Y es posible que ese dinero lo necesites de forma urgente. Y ahí estarás tú, sin el dinero y con tus buenas intenciones. «¿Te merecías verte ahora en un apuro? —repliqué a su victimismo—. No. Pero lamentarte sobre la falta de compromiso de tu amigo y tu generosidad solo te llevará a sufrir, no a buscar la solución que necesitas.»

Algunas personas reaccionan ante la adversidad con ansiedad. Esta les bloquea la capacidad cognitiva, incluso les genera confusión. La ansiedad impedirá que encuentren soluciones y más aún que tomen decisiones. Hará que perciban el problema como algo más tremendo de lo que es.

En momentos de pandemia, la ansiedad ha llevado a muchos a creerse las *fake news* o las teorías de la conspiración. A veces, tomar conciencia de la realidad nos pone tan nerviosos, somos tan incapaces de asumirla, que preferimos un bulo que nos ayude a encajar mejor lo que está ocurriendo.

Elena entró en estado de shock y de ansiedad después de descubrir que su marido llevaba un año apostando con el móvil en los partidos. Durante dos meses dejó de pagar el alquiler del piso en el que residían porque no podía afrontar las deudas. Había robado dinero a su mujer, a un hermano con el que tenía una empresa y había hecho algún chanchullo más para seguir mintiendo. Tenía un problema serio de ludopatía, pero lo que a Elena la había hundido por completo era la mentira. Tuvo que tomar ansiolíticos para poder volver al trabajo y no fue capaz de superar la deslealtad. Estuvo dos meses sin poder dormir y al final decidió separarse.

Otras personas eligen el «ojos que no ven, corazón que no siente». Es la opción de ignorar y evitar. Conozco gente que es incapaz de abrir una carta del banco o de Hacienda por miedo a que sean malas noticias. Pero no se puede solucionar lo que se desconoce. Este tipo de personas piensan que la vida se ordena por sí sola, que cada cosa encajará en su sitio, y que si no se atienden los asuntos que les incomodan, algún día desaparecerán por sí solos.

Mi paciente Margarita tuvo un gran disgusto cuando su socio la estafó. Había puesto toda su confianza en él. Habían dividido las responsabilidades en el negocio. Ella atendía al público y él se ocupaba de la gestión, el personal y la burocracia. No conocía los préstamos que su socio había adquirido; confiaba en él. Su socio, además, era su cuñado, era la familia; más motivo para confiar. La estafa le costó la relación con su socio, con su hermana y enfrentarse a unas deudas con las que no contaba. Esta crisis le generó tal nivel de ansiedad, frustración y pena, que se sentía incapaz de atender las llamadas de los bancos y de gestionar sus deudas, injustas pero ahora también suyas. Pero no atenderlas no las convertía en invisibles. Así que, después de la terapia, no tuvo más remedio que asumir su «responsabilidad» no buscada y hacer frente al problema con el objetivo de tener una situación financiera que le permitiera vivir sin llamadas de bancos y sin el estrés de quien tiene asuntos por resolver.

Otras personas se enfurecen o tienen ataques de ira. ¿Sueles reaccionar así cuando percibes la injusticia de la vida, cuando piensas que es imposible que eso te esté ocurriendo a ti? ¿Tu modus operandi consiste en descontrolarte ante la adversidad? Las personas impulsivas, impacientes y estresadas suelen reaccionar con agresividad. Son incapaces de empatizar con la parte injusta de la vida, son incapaces de encajar que pueden ser víctimas.

Antonio decidió enfadarse con el mundo, con su exmujer, con la familia política, incluso con sus hijos por apoyar a su madre, el día que su mujer le dijo que deseaba separarse. Estaba profundamente enamorado y no le entraba en la cabeza que ella se hubiera desenamorado. Quería explicaciones, el «ya no te quiero» no le bastaba.

Durante los siguientes meses dificultó los procesos de mediación hasta terminar en un juicio, increpó a su suegra, a la que hacía culpable de apoyar a su hija, y no quería hablar con sus hijos por no haber defendido la continuidad del matrimonio. Por supuesto, esta actitud no devolvió el amor perdido a su exmujer y le distanció de una familia política que lo seguía queriendo. Y, lo peor de todo, tardó mucho tiempo en reconciliarse con sus hijos de diecisiete y veintitrés años. Hasta que tocó fondo y su socio de despacho le dijo que por favor buscara ayuda, que estaba siendo distante y agresivo con los clientes, no se decidió a acudir a terapia.

Analizar ayuda a solucionar problemas. ¿Qué me ha pasado? ¿Qué se puede solucionar? ¿Cómo? ¿Con quién puedo contar? ¿Qué pasos he de dar? ¿Qué otros daños colaterales puedo sufrir? Analizas la situación, no tu persona. No se trata de hacer juicios de valor, ni de machacarte para que aprendas. Se trata de aceptar lo ocurrido invirtiendo la energía que te queda en soluciones.

Irene acudió a consulta porque no entendía por qué la habían despedido. La empresa alegó que pasaban por una situación crítica y que estaban reduciendo personal, pero Irene no encajaba que la reducción le afectará a ella y no a su compañero de administración. Tener información es necesario para gestionar mejor la crisis, así que le sugerí que se acercara a la responsable de recursos humanos y le pidiera más información. Quería saber si en la decisión de elegirla a ella había habido algún motivo más personal o específico. Después de una reunión con recursos humanos, se quedó mucho más tranquila. Le dijeron que no había sido por nada en concreto, le aseguraron que no tenían ninguna queja. Al revés, resaltaron todo el valor que había aportado a la empresa. Esta conversación le dio mucha seguridad.

Ante una crisis, algunas personas empiezan a actuar desde el inicio. Para actuar de forma apropiada, necesitas serenarte y contemplar el obstáculo desde la distancia. Las personas que actúan se responsabilizan de sus problemas. Cuando actúas, también aceptas, y ese es el primer paso para poder generar cambios. Somos muy reacios a cambiar algo que no aceptamos. Una vez hecho el análisis, se trata de actuar. Para poder actuar debes tener presente cómo has vencido la adversidad en otro momento, cuáles son tus recursos.

Pocos ejemplos puedo poner en este apartado, porque la gente que suele actuar también suele tener sus emociones bajo control. La idea de actuar les da confianza y seguridad.

Puede que te identifiques solo con una de las historias personales que hemos visto, o puede que te identifiques con todas; la reacción ante la adversidad tiene su proceso y atraviesa distintas etapas. Por eso al final de cada capítulo encontrarás un diario de a bordo para superar cualquier crisis; te servirá de guía en todo momento. A lo largo de estas páginas vamos a tratar de afrontar de forma serena las experiencias negativas y a aprender a superarlas para poder seguir disfrutando de una vida lo más plena posible.

¡Vamos a ello!

2

Bendita rutina

—¿Y mañana a qué hora nos levantamos, amor?

—No sé, ¿a las ocho? Hay que sacar a pasear a Vueltas.

—Sí, vale, pero no se puede salir a correr, ¿verdad?

—No, no, no..., solo a pasear al perro.

Eso nos dijimos mi marido y yo cuando se anunciaron las medidas que estarían en vigor durante el confinamiento. Al escuchar esa palabra el día anterior y oír expresiones como «aislamiento» o «estado de alarma» y ver cómo se cancelaban los eventos más próximos que tenía en mi agenda, que eran la función de *Diez maneras de cargarte tu relación de pareja* en el teatro Jovellanos de Gijón y el taller de ansiedad que impartía yo en la misma ciudad, mi rutina se tambaleó. La mía y la de mis hijos, porque mi marido sí seguía entrenando como miembro del staff médico del cuerpo técnico del equipo y tenía jugadores lesionados a los que atender.

Levantarnos a las ocho ya era un cambio de rutina, porque solemos hacerlo entre las seis y media y las siete. Nuestra rutina empezaba haciendo ejercicio aprovechando que Vueltas daba su paseo, preparar un rico desayuno para los seis, que los hijos también madrugan para ir al colegio y a la universidad, y empezar el trabajo. Mi trabajo... ¡aquellos que me conocen y me leen ya saben cómo es! Algunos días estoy en mi despacho en casa, otros grabando para

Televisión Española, otros en Aragón Televisión y Aragón Radio, dando una conferencia en una empresa, impartiendo un taller en Madrid, Barcelona, Granada, Sevilla o Valencia, entre otros muchos lugares de España, presentando un libro, colaborando con medios, con marcas, etc. Ah, y los lunes y fines de semana, sobre el escenario con *Diez maneras de cargarte tu relación de pareja*. Sí, eso de las funciones los lunes tiene explicación. Son los días en que los teatros cierran. Y como este proyecto partió de cero hace dos años, pues nos ofrecían sus locales los días que no tenían función... Ja, ja, ja. Ahora ya nos piden que actuemos los fines de semana... ¡porque hasta los lunes llenábamos todas las salas!

Total, mi rutina estaba orientada de puertas para fuera, organizada a partir de los horarios de las charlas, los viajes en el AVE o en avión, los directos en televisión.

Horarios.

¿Y ahora qué? No teníamos horarios, ni los niños ni yo. No había compromisos. Esto que para muchas personas puede ser positivo, porque les gusta el caos, la ausencia de planificación..., a mí me desbarata. Así que lo primero que hicimos en casa fue poner rutinas.

¡Qué tranquilidad!

Lo primero que sucede en el inicio de una crisis es que te pone patas arriba. Es como el revolcón que te pega una ola feroz cuando rompe en la orilla de la playa. No eres capaz de oír ni de ver. Durante unos segundos estás en plena sensación de ahogo. Puedes hasta perder el norte. Y cuando asomas la cabeza fuera del agua te sientes desorientado. Pero has sacado la cabeza, y eso te permite respirar y, algo muy importante, empezar a pensar. Mientras estás dentro de la vorágine del revolcón de la ola solo puedes pensar en sobrevivir y en el pánico que sientes por no poder controlar la situación. Solo me ha revolcado una ola en mi vida, fue con marea alta en la playa de las Canteras en Gran Canaria. Lo recuerdo agónico, solo pensaba: «¡Me voy a morir!». Perdí la noción del tiempo. Lo que fueron segundos lo viví como una eternidad. Y al sacar la cabeza fuera del agua y respirar, me sentí agradecida por seguir viva.

En el primer momento de una crisis, pierdes tus anclajes de seguridad, pierdes tu rutina. Lo que antes eran hábitos, orden, organización, horarios, se desbarajusta. Independientemente de que el origen de tu crisis sea una separación de pareja, una intervención quirúrgica o la pérdida de empleo, todos los cambios bruscos, que implican salir de la zona cómoda, mueven los cimientos. Y en los cimientos están las rutinas y el orden.

Ni dejadez ni obsesión. En momentos así, hay personas a las que les da por querer controlarlo todo ipso facto y poner rutinas sin ton ni son. «¡Mañana todo el mundo arriba a las ocho como si hubiera clase!», por ejemplo. «¡Y a acostarse temprano! ¡Nada de videojuegos hasta las tantas de la noche!»

Y hay personas a las que les da por pasar de todo.

Pero cuando te dispones a vivir una situación distinta, con carga emocional, es preferible primero observar, analizar, y luego tomar las decisiones adecuadas.

Observar cómo nos sentimos, cómo se sienten los demás de la familia. Hablar sobre la situación. Dejar un tiempo prudencial antes de tomar decisiones y de decidir las nuevas rutinas y el nuevo orden. Aunque lo de prudencial es subjetivo, porque depende de lo que cada uno necesite para situarse. Nosotros al inicio del confinamiento estuvimos una semana observando, incluso para disfrutar del caos. Veíamos las noticias, nos empapábamos de todo, los chicos hablaban con los amigos, los profesores. Hablábamos en casa.

Durante esa semanita quisimos analizar lo que acontecía a nuestro alrededor. Pero dado que el curso de la relación de sucesos que estábamos viviendo no dependía de nosotros, poco pudimos analizar, más que la información que medios fiables arrojaban en el momento. Donde más capacidad de intervención tuvimos fue en proponer cómo se iba a gestionar el confinamiento en la república de nuestra casa.

Dales tiempo a tu mente y a tus emociones para que puedan entender y encajar qué está ocurriendo. Si te obligas a actuar sin este paso previo, estarás forzando una emoción o un comportamiento que puede pasarte factura. Todo tiene su tiempo y su ritmo. Incluso las emociones y las rutinas. Imagínate que por circunstancias de la vida tu embarazo no sigue adelante, pierdes el trabajo, te deja tu pareja..., necesitas tiempo para pensar, para digerir la noticia. Este tiempo es clave. Porque si digerimos bien, actuar después será más sencillo.

Una vez pasado el período de observación y análisis, tomemos decisiones respecto a las nuevas rutinas. En mi casa se decidió tener un horario de colegio, universidad y despacho. Mi marido y yo somos los más madrugadores. Pablo tenía clase virtual a las nueve de la mañana, y las niñas también se levantaban temprano. Había horarios para levantarse, comer, estudiar, trabajar, cenar y acostarse, siempre con la flexibilidad que ha reinado en mi casa.

En las rutinas de casa también incluimos algo que es muy importante en nuestra filosofía de vida: la actividad física. Teníamos la enorme suerte de contar con Andrés, mi marido, que es preparador físico, y casi todos los días hacíamos deporte en la terraza. Y mi rutina laboral, después de una semana de cancelación de talleres, funciones de la obra de teatro y conferencias, empezó a centrarse en la consulta online, en los webinars que surgieron fruto de la necesidad de las empresas de cuidar emocionalmente a sus trabajadores en estos momentos tan complicados, en mis intervenciones en medios a través de Skype, vídeos y radio, y en la actividad en redes.

Belén, mi directora de comunicación, sugirió una rutina en Instagram. A cada día de la semana le asignamos un tema. Por ejemplo, los lunes hablábamos de comer con serenidad; los viernes, de asuntos de pareja; los sábados, de relajación y bienestar... Y grababa un vídeo diario con contenido para el post para así acompañar a las muchas personas que, encerradas en su casa, se hacían preguntas, sufrían emociones incómodas y carecían de recursos psicológicos para hacer frente a la incertidumbre de la pandemia. Reconozco, sin embargo, que pusimos en marcha esta estrategia de vídeo temático diario pensando que el confinamiento duraría dos semanas..., no tres meses. Terminé exhausta.

Sin darme cuenta, estaba metida otra vez en mi nueva rutina.

Una rutina es una costumbre o un hábito que se adquiere al repetir una misma tarea o actividad muchas veces. La rutina implica una práctica que, con el tiempo, se desarrolla de manera casi automática, sin necesidad de implicar en ella al razonamiento. Hay personas que se quejan de que no consiguen encajar todos sus quehaceres y necesidades en el día; tienen problemas porque pierden el tiempo o no lo gestionan de forma eficaz. Otros huyen de las rutinas interpretando equivocadamente que interfieren con la creatividad y que prefieren vivir con un poco más de espontaneidad. De hecho, una de las mayores excusas para no incorporar hábitos saludables es no tener tiempo.

¿Qué beneficios aporta tener rutinas? En primer lugar, nos hacen la vida más fácil. Nos quejamos de que no tenemos tiempo porque no planificamos ni sabemos establecer prioridades y, en cambio, las rutinas implican planificar y priorizar. Ponemos orden y sabemos lo que tenemos que hacer en cada momento.

Además, las rutinas aportan seguridad porque las dominamos y las controlamos. Y nos indican hacia dónde vamos y qué pretendemos.

Y, por último, nos liberan de la presión de tener que decidir en cada momento. La actividad deportiva es un ejemplo muy claro: cuando sabes que en tu rutina está correr a una hora determinada, te lo piensas menos que cuando tienes que improvisar.

Para empezar a establecer rutinas, empieza por definir tu objetivo, aquello que deseas. Describe todos los pasos, el orden, los tiempos. Y una vez definido el plan, ejecútalo. No pienses más, no le des vueltas. Nadie va a lograr meterse en esa nueva rutina si no te involucras tú. Si ya la has decidido, actúa.

La falta de rutina te lleva al caos. Una vez que hemos dado entrada a la crisis, que la hemos aceptado y que nos hemos concedido un tiempo para sentirla, cuerpo y mente necesitan tener equilibrio, orden, y saber qué hacer en cada momento. Por eso echas de menos la rutina cuando te ves fuera de ella. Echarla de menos significa que es buena para ti. Tener una rutina es un facilitador del éxito.

¿Debemos mantener las rutinas siempre? No. Cuando tu rutina te impida disfrutar o crecer en un momento de tu vida, deberás cambiarla. Si la llama del amor se marchita, si te estancas en el trabajo, si no eres capaz de tomar decisiones ni tener ideas creativas, si el ejercicio que practicas te aburre porque siempre es lo mismo..., es el momento de abandonar. Hemos dicho que la rutina es un facilitador, pero cuando pasa a generar desgana y aburrimiento, ya no la tienes de aliada. Hay situaciones, actividades y etapas en la vida que requieren rutinas, pero otras se alimentan de la espontaneidad, de la improvisación y de la creatividad, que están reñidas con la rutina. También hay que romper rutinas para desconectar. Si te acostumbras a hacer siempre lo mismo en el mismo sitio, el propio hábito hace que pierdas atención.

¿Cuándo deberíamos abandonar una rutina? Hay emociones (el aburrimiento, el miedo, la tristeza e incluso la ansiedad) que te dicen a gritos: «¡¡¡Sal de la rutina!!!». Pero las rutinas que te mantienen en una zona de confort también impiden que avances y crezcas. Abandónalas para potenciar tu crecimiento personal.

No puedes hacer siempre las cosas de la misma manera, tampoco en el deporte. La diversidad del tipo de entrenamiento y de deporte es importante para mantener la ilusión y la progresión, así que abandona tus rutinas para encontrar soluciones.

Y si eres una de esas personas cuadriculadas a las que les cuesta la vida cambiar de rutina y ser más flexibles, atrévete con estas propuestas:

- Aliña la comida de forma diferente.
- Apaga la tele por la noche... ¿Ahora qué se te ocurre que podrías hacer?
- Apúntate a nuevas actividades el fin de semana y conoce gente nueva.
- Cambia de camino al ir al trabajo.
- Compra en un supermercado distinto al que sueles ir.
- Ve al cine a ver una película diferente de las que sueles ver.
- Prueba deportes diferentes de los que sueles practicar.

La rutina es una aliada siempre que nos facilite la vida. En cuanto se convierte en monotonía, es importante buscar cómo salir de ella y establecer otras nuevas.

Cuando iniciamos y atravesamos una crisis, nuestros cimientos y nuestras emociones se tambalean. Por eso es muy importante que dentro de las rutinas integremos hábitos de vida saludables que ayuden a mantener una mente sana.

Los hábitos que no deberían faltar en nuestras rutinas son: la meditación, la actividad física, comer con orden y de forma saludable y dormir y descansar. Esas actividades, todas, liberan neurotransmisores relacionados con el bienestar y la felicidad. Asimismo, estos neurotransmisores disminuyen la ansiedad.

A pesar de que el descanso y la alimentación son dos actividades que nos facilitan literalmente sobrevivir, solemos desatenderlos cuando nuestra vida se tambalea. Los nervios, el malestar psicológico y la incertidumbre pueden quitarnos el apetito o empujarnos a comer de forma desordenada y a elegir alimentos poco saludables. También solemos robarle horas al sueño porque nos enredamos tratando de entender lo que ocurre o porque la preocupación nos desvela.

Con la actividad física y con la meditación solemos ser más dejados. En un momento de crisis, consideramos que no son actividades que nos pongan a salvo, así que minusvaloramos el beneficio que tiene su práctica para nuestra salud y dejamos de ejercitarlas. Además, solemos estar desganados, y así es fácil perder la motivación por los buenos hábitos. Ni la meditación ni la actividad física están relacionadas directamente con nuestra supervivencia. Pero ambas producen un bienestar emocional inmenso y pueden ayudarnos a ver nuestra crisis desde la serenidad y desde una perspectiva más positiva.

¿Cómo establecer una rutina con estos pilares del bienestar emocional? Aquí tienes algunas propuestas.

Pon horarios flexibles. Todo lo que sea rígido aumenta el abandono, porque en el momento en que veas que a las ocho en punto no has meditado tus diez minutos, pensarás que no eres disciplinado y dejarás de hacerlo.

Empieza por poquito. Sesiones cortas de ejercicio, cuatro minutos de meditación, adelantar media hora la hora de irte a la cama, introducir más fruta. No hagas cambios radicales que te desmotiven, como una hora de ejercicio que te deje agujetas, media hora de meditación que te aburra, irte a la cama sin terminar de ver la película que has empezado a ver o querer comer de forma saludable en el desayuno, comida y cena.

Recuerda por qué lo haces. Si encuentras el sentido de estas nuevas rutinas te será más sencillo permanecer motivado con ellas. ¿Para qué vas a implicarte con el deporte, la comida, el sueño y la meditación?

Busca estímulos visuales o auditivos que te recuerden tus nuevas rutinas. A veces no es que no tengamos ganas, es que se nos olvida que ahora forman parte de nuestra vida.

Póntelo fácil. Puedes hacer la meditación e irte antes a la cama en plan un «dos por uno». Vete a dormir y medita antes de ponerte a descansar. O deja de comprar tanta comida basura (ojos que no ven, galleta que no te metes en el cuerpo). Y déjate la ropa deportiva preparadita para que cuando abras los ojos por la mañana sea lo primero que veas. Alguna seguidora me ha dicho que duerme con el top de running como pijama y cuando se levanta ya tiene parte de la rutina hecha.

No te trates mal si la rutina se te olvida o no tienes ganas de hacerla en algún momento. Bastante tienes ya con estar viviendo tu crisis como para convertir estas rutinas en un estresor más. Recuerda, son para ayudarte a sentirte mejor, no para que te fustigues si alguna vez fallas.

Cuantos más miembros de la familia se involucren, mejor. Muchas mujeres se quejan de la dificultad que les supone comer de forma saludable si su pareja o sus hijos no las acompañan. Cuando tienes que cocinar de manera distinta para ti, y además el plato de los demás parece más apetitoso o sabroso, puede costarte no ceder. Y en lo tocante al deporte, ¡hacerlo en familia es divertidísimo! ¿Y has probado a meditar alguna vez con tus niños? Igual pierdes dos días muertos de risa, pero al final lo disfrutan y son ellos mismos los que te piden esta práctica.

Baja tu nivel de exigencia (y a ser posible, pídele el divorcio, como dice mi compañera y amiga @ares_psicologa). En el momento en que empiezas a exigirte más y mejor, dejas de disfrutarlo. Y lo que mantiene la rutina como filosofía de vida es el poder del disfrute, no la exigencia.

Si te van los retos, póntelos. Hay personas que necesitan retarse y competir con ellas mismas o con otras para sentir la adrenalina y mantenerse motivadas. En cambio, hay otras personas que solo con ponerse a ello y fluir ya lo disfrutan.

Si hay un momento especial que permite cuidar e implantar rutinas es la rutina en torno a la mesa, al margen de la rutina de comer de forma saludable. Una investigación muy interesante de los años sesenta en Estados Unidos, que se encuentra en el maravilloso documental *The Connection: Mind your Body*, cuenta que en Roseto, un pueblo habitado por inmigrantes italianos, tenían unas tasas de enfermedad cardíaca muy por debajo de la media nacional. Trabajaban en canteras, fumaban y comían a placer. Con un arraigo familiar típico italiano, se reunían hasta tres generaciones en torno a la mesa para disfrutar de la familia. Sus costumbres consistían en jugar a las cartas, reunirse en la cocina y practicar algo tan básico como hablar. Pero a partir de 1971 se instauró en los rosetanos una nueva escala de valores, entre los que reinaba la opulencia. Empezaron a interesarse más por el tamaño de sus casas y por los coches caros que por las reuniones familiares. Y entonces ocurrió lo que nunca habían vivido: murió el primer rosetano de infarto al corazón con menos de cincuenta años. Hasta ese momento no habían sufrido ninguna muerte por enfermedad cardíaca por debajo de los cincuenta y cinco años. Y en 1980 el nivel de mortandad por infarto de miocardio se había equiparado al resto de la población estadounidense.

Las conclusiones sobre el estudio se basaron en el bien físico y psicológico que emana del sentido de pertenencia, cuando una persona cuenta con una familia o un grupo social con los que se siente protegida y con quienes comparte momentos de risa, ocio y sentimientos. ¿No te parece que durante el confinamiento todos ensalzamos el sentimiento de pertenencia? ¿Cómo nos sentíamos cuando salíamos a aplaudir o cuando nos enterábamos de noticias de vecinos que ayudaban desinteresadamente a otros vecinos?

Si parte de la felicidad y de nuestra salud depende de algo tan simple como disfrutar en torno a una mesa, ¿por qué no retomar esas costumbres? Aquí tienes algunas ideas.

Busca una comida al día en la que la familia coincida. Puede ser la hora de desayunar, comer o cenar. No fuerces un momento para reuniros si alguno tiene un horario ajustado y va a estar más pendiente de irse que de disfrutar del instante.

Habla, participa. Parece una obviedad, pero no lo es. Solemos tener cientos de temas de conversación al día que podemos compartir, pero muchas personas, por pereza, no los sacan. Anota en tu aplicación de notas del móvil una noticia que has leído, algo que has oído, lo que oyes en la radio del taxi, lo que te cuentan en la empresa. Hay muchas cosas que ocurren en el día a día que podrían ser tema de debate y enriquecimiento familiar. Anótalo, porque muchas veces llegas a casa y cuando tratas de acordarte de «eso tan interesante que quería contaros», se te ha olvidado.

Interésate por la otra persona. ¿Cómo te ha ido hoy el trabajo? ¿Qué ha pasado interesante en el colegio? ¿Con qué te lo has pasado mejor en el patio? ¿La comida del cole ha sido tan «malísima» como todos los días? ¿Cómo es tu nueva compañera de oficina? ¿Os han felicitado por el proyecto? ¿Qué le ha parecido a tu jefe la idea que me contaste ayer? ¿Has podido ir hoy al gimnasio al mediodía? ¿Llamaste a tu amigo para ver cómo se encuentra después de la operación? Y un larguísimo etcétera. Hay muchas cosas que le ocurren a una persona durante el día, solo tienes que observar e interesarte por ella.

Durante la crisis que estés viviendo (personal, profesional, familiar o del tipo que sea) te invito a que compartas con los tuyos cómo te sientes, a que hables de lo que sucede. A veces tratamos de proteger a los que queremos ocultando información de lo que pasa y de cómo nos sentimos. Y nos equivocamos. Porque no los protegemos, les generamos ansiedad. A ti, como madre o padre, también te ocurre. Prefieres estar al tanto de lo que preocupa a tus hijos porque el mero hecho de saber te relaja. Solo tienes que adaptar la información a la edad de los tuyos, nada más. Y el efecto de compartir es mágico: recibes apoyo, consuelo, incluso ideas en las que tú no habías caído.

Desconecta la tecnología. Te aleja de quien tienes a treinta centímetros. Haced un pacto entre todos para no usar los móviles en la mesa. Es cierto que hay momentos en los que puede existir una urgencia, alguien está enfermo o esperamos una llamada importante. Pero tratad de que los móviles solo estén en la mesa en estos casos. Tenemos tanto vicio con tocar la pantalla, que, aunque te hayas hecho el propósito de no tocarlo durante ese rato, terminas por hacerlo sin darte ni cuenta.

Aparca la prisa. La prisa te lleva a no esperar a los demás, a no tener una conducta amable. Come despacio, saboreando, compartiendo, ofreciendo la última loncha de jamón. Recuerda que comer debe ser un acto en sí placentero, no una actividad con la que liberar la ansiedad. La prisa te lleva a engullir y a comer de forma desesperada. En ese estado emocional, no disfrutas de la conversación. Estás más pendiente de tragar que de escuchar y fluir.

Agradece los alimentos y da las gracias al cocinero que los ha preparado. He escuchado en la consulta a más de una madre sentirse triste por oír comentarios del tipo «Qué asco, mamá, si sabes que odio esto», «¿Esto vamos a comer?». Quien cocina necesita un simple «gracias» que dé valor a su trabajo altruista. Cocinar cada día no siempre es algo que relaje o apetezca. Puede terminar por convertirse en una tarea monótona, y para salir de ella se necesita creatividad y tiempo. Comer alimentos cocinados en un ambiente familiar, aunque nos parezca lo más normal, es un lujo del que no todo el mundo puede disfrutar.

Crea una atmósfera amigable. Sonríe, participa, pregunta, contesta con más de un monosílabo, deja las malas noticias y las quejas para otro momento. Escuchar cada día a alguien que desprecia su trabajo o el instituto es agotador. Podemos resolver esa toxicidad en otro momento. Aporta energía y noticias que inciten al debate y a relacionaros de forma relajada.

No utilices ese rato alrededor de la mesa para resolver conflictos. Hay padres e hijos que aprovechan la hora de la comida para hacerse reproches, críticas negativas o para regañar. Así, es fácil terminar asociando el momento de la comida con una situación de tensión y, con el tiempo, intentar eludirlo, hacer lo posible por no coincidir alrededor de la mesa.

En tiempos de crisis, es posible que tengas que modificar muchas de tus rutinas, pero solo temporalmente o para adquirir otras distintas. Si la crisis trae caos, las rutinas pondrán orden en tu vida y, con ello, serenidad y paz.

Diario de a bordo para vencer la adversidad
y superar todas las crisis

Es importante que recuperes cuanto antes tu orden y tus rutinas. Te dan seguridad.

Antes de actuar y decidir, observa, siente, analiza, y luego toma decisiones que te ayuden a vivir el momento con más seguridad.

Introduce el concepto de flexibilidad en tu vida. La rigidez, o el todo o nada, suele generarnos malestar.

Practica hábitos de vida saludables. Te ayudarán a mejorar tu estado de ánimo.

Toma conciencia del bienestar que el orden aporta a tu vida.

3

Una vida serena pasa por vivir en el presente

—Mamá, ¿cuánto va a durar el confinamiento?

—No tengo ni idea, durará lo que dure.

—Pero es que no sé si ponerme a estudiar por mi cuenta, si esperar a que los profes de la universidad den señales de vida. Es que esto es un rollo.

—¿Qué puedes hacer ahora y en este momento? Esa es la solución. Solo lo que puedes hacer ahora y en este momento.

Esta conversación pasó a ser una constante con las mayores, nuestras dos hijas universitarias. En cuarto de la ESO, los pequeños (así los llamamos en casa) estaban más controlados (clases online, deberes por e-mail...), pero el tema de la universidad pasó a ser una agonía porque al principio todos estaban perdidos. Los exámenes en la universidad no te los preparas de un día para otro. Requieren tiempo, planificación, solución de dudas. Las mayores andaban perdidas, nerviosas, enfadadas, queriendo anticiparse sin poder. Y descubrieron que solo viviendo en el presente podían manejar su situación y sus emociones.

Desde que se inicia una crisis personal o colectiva, como fue vivir confinados durante la pandemia, solo buscamos vivir en el futuro. Porque es en el futuro donde van a solucionarse nuestros problemas. El presente es horrible. Es el recuerdo de todo lo que está haciéndote sufrir.

Una de las crisis más brutales que he vivido fue la pérdida de mi marido cuando mi hija Carmen tenía seis días. Estuve meses mirando en los rincones de las habitaciones en busca de la cámara oculta que me dijera «Tranquila, ha sido una broma de mal gusto» y que me devolviera a mi pasado, cuando daba a luz a mi hija, o a un futuro lejano en el que tuviera controladas mis emociones. Donde tenía claro que no deseaba estar era en el presente. El presente era dolor, soledad, mis sueños hechos pedazos, una hija sin padre, ocuparme de mi consulta con los puntos del parto y perder hasta la lactancia materna, porque del disgusto lo perdí todo menos las ganas de vivir y de sacar a mi hija adelante. Te aseguro que yo sé lo que es vivir una crisis. Lo digo por esos atrevidos que a veces se atreven a decir que es fácil ser optimista —refiriéndose a mí— cuando la vida te va bien. Igual la vida me va ahora de cara porque tuve el optimismo por bandera. Aunque realmente la vida no va ni viene de cara. La vida son piedras y flores, y se van alternando. Pero a veces, en lugar de encontrarte con una piedra, te cae encima un monolito.

Hace veinte años, durante mi crisis, los psicólogos no conocíamos las terapias de tercera generación. No se escuchaban como bandas sonoras conceptos como meditación, *mindfulness* (Kabat-Zinn podría haber estado más rapidito, pero el hombre se tomó su tiempo para demostrar la ciencia del *mindfulness*), estar presente, vivir el ahora, fluir... No. En aquellos años primaban las corrientes cognitivo-conductuales. Es decir, tenías que pensar en positivo por narices, porque en la carrera nos habían enseñado que la manera en que se razona es la manera como se siente. Y hay una diferencia enorme entre razonar y pensar. Pero es complicado pensar en positivo cuando tienes una niña de días, no te queda otra que ponerte a trabajar porque no cuentas con recursos económicos (gajes de ser autónoma), no descansas por las noches porque Carmen decidió que, como canta mi amigo Borja Navarro, las noches son para morir y me tuvo dos años sin poder dormir en condiciones. Dedicaba mi poca fortaleza cognitiva a resolver los problemas de los pacientes en la consulta. Realmente la que estaba para hacer de paciente era yo. Pero siempre se me ha dado muy bien concentrarme en el momento, apartar lo que me atormenta y estar a lo que hay que estar. Sin saberlo, durante las sesiones, meditaba, estaba en el presente y sentía el *flow*. Me había adelantado con hechos, que no teorías, a todos los genios que luego he ido descubriendo, los padres de las terapias de tercera generación. Lo de ser autocompasiva..., eso se me olvidó.

¿Por qué el presente debería ser tu lugar preferido?

Porque es el único espacio temporal en el que tú estás vivo. Sí. El pasado es una sucesión de recuerdos, de nostalgia, de emociones. El futuro es la fantasía de lo que deseas en tu vida o la anticipación de lo que no deseas. Pero el presente es el lugar y el momento en los que puedes participar. Pero, claro, pedirle a alguien que participe con atención plena de su desgracia es desgarrador. Las opciones de evitar o huir suenan a priori bastante mejor.

Vivir el presente tiene muchas ventajas. Una de ellas es que nos permite sentir de manera distinta. A veces el sufrimiento durante una crisis viene de estar anticipando que será horrible seguir así, que no vas a encontrar una solución, que te agobiarán las deudas o que tu pareja no superará la enfermedad. Es decir, sufrimos en el presente porque pensamos en un futuro desolador. Mi presente era desolador porque solo veía un futuro desolador. Mi presente real era la suma de problemas, la atención de mi consulta y el cuidado de mi pequeña. En mi presente recibía ayuda de mis amigos del alma, que lo fueron todo en ese momento. Mi presente era triste, agobiante, duro, pero pensar en el futuro era demoledor.

Vivir el presente también tiene la ventaja de que te permite apreciar más lo bonito que sigue ocurriendo al margen de tu crisis. Porque una crisis no inunda las veinticuatro horas del día de desgracias. En tu crisis están los problemas sobrevenidos de la propia situación y otros momentos de la vida que siguen siendo preciosos pero para los que no tienes capacidad de atención. Simplemente porque no te centras en ellos. Una manera de poner atención en lo bonito que ocurre cada día en tu vida, estés dentro de tu crisis o no, es llevar un diario de todo lo agradable. Escribir nos centra. Dedica unos minutos al día a poner esos momentos por escrito cuando emocionalmente tengas ganas de hacerlo.

Una tercera ventaja de vivir el presente es el aprendizaje. Cuando estás atento a los detalles, cuando vives con atención plena, es más fácil aprender, porque nuestro cerebro no funciona en modo piloto automático. De ese modo permites que la vida te vaya dejando huella. Atender y concentrarte en tu alrededor ayuda a retener esa información, esa experiencia. El aprendizaje durante una crisis es fundamental. No para no volver a tropezar, que es imposible, sino para encontrar recursos de todo tipo que te ayuden a gestionar otras posibles crisis con más agilidad. Los aprendizajes requieren de una profunda reflexión que puede durar mucho tiempo, a veces incluso años. Esta reflexión incluye tener en cuenta el locus de control: el lugar, la persona, la situación que consideras responsable o causante del horror que vives. Si tu locus de control —el origen, la causa— es erróneo, errarás en las soluciones. Imagina, por ejemplo, que tu hijo ha tenido un accidente en moto. No es grave, pero lo han hospitalizado, y tú te culpas de haberle comprado la moto cuando el que ha conducido de forma imprudente o con una tasa de alcohol no permitida es él. Si te identificas como el origen de la desgracia, quien ha provocado la crisis, no habrá aprendizaje.

Una cuarta ventaja de estar presente es que aprendemos a autorregular nuestras emociones. Cuando escuchamos y atendemos nuestras emociones, nos sentimos en comunión con ellas, no en guerra. No necesitamos huir ni combatirlas. Solo las dejamos estar, las aceptamos e incluso las mimamos. Son una fuente de información. Nos dicen cómo se encuentra nuestro cuerpo y nuestra mente. Conocerlas también nos ayuda a decidir si preferimos observarlas —nos sentamos, respiramos— o iniciar alguna actividad —leer, salir a pasear, hablar con una amiga, cocinar, hacer yoga o meditación—, algo que de alguna forma regule nuestro estado emocional en ese momento.

En definitiva, estar presente durante tu proceso de crisis te ayuda a tomar conciencia de qué está pasando. Cualquier persona diría que lo que menos necesita en ese momento es recrearse en su experiencia. Pero la vida nos ha demostrado que los procesos de huida o evitación solo agravan las experiencias difíciles. No puedes negar que eres el protagonista de tu crisis y debes conocer lo que está ocurriendo. Al huir o evitar, muchos problemas se agravan, no desaparecen.

En la película *Kung Fu Panda*, de Disney, el maestro tortuga decía al oso panda que se preocupaba demasiado por lo que ya fue y por lo que será, y que hay un dicho: el ayer es historia, el mañana es un misterio, sin embargo, el hoy es un regalo, por eso se le llama presente.

Perdemos el tiempo y la energía enredándonos en recuerdos del pasado, la mayoría de ellos dañinos, y nos atormentamos con un futuro que deseamos adelantar y planificar. Los niños quieren ser adolescentes, los adolescentes quieren ser adultos, los adultos quieren ser más jóvenes. Muchas son las personas que no son felices en su tiempo y anhelan estar en otro. Y ni viven el tiempo que tienen, ni pueden regresar al pasado o viajar al futuro.

«¡Ay, si yo tuviera tu edad..., la de cosas que haría!»

«¡Ojalá fuera ya mayor de edad!»

Mientras vivimos en el pozo de las lamentaciones perdemos el único tiempo que tenemos, el presente.

Nuestra mente está preparada para acechar peligros de los que ponernos a salvo. Pero hoy en día relacionamos con el peligro situaciones, personas y emociones que no necesitan de nuestra respuesta suspicaz y vigilante. No hay lobos, ni leones ni mala gente rodeándonos. O por lo menos no en la mayoría de las situaciones que vivimos. A pesar de que la COVID nos ha demostrado que un ser diminuto puede generar el caos, el miedo y la muerte, por suerte muchos de nosotros disfrutamos de un entorno seguro. Comida al alcance de la mano, atención médica en la seguridad social, buenas carreteras, coches bien equipados y controles de calidad para lo que consumimos. Pero aun así juzgamos, anticipamos fracasos e infortunios o rumiamos el pasado para sentirnos culpables y aprender de ello. Y entre unos pensamientos y otros, dejamos de estar vivos en el presente.

Lo peor es que esta conducta de mirar atrás y hacia delante rara vez nos aporta ni soluciones ni felicidad, ni siquiera en plena crisis. Recuerdo que durante el confinamiento muchas personas estaban ancladas en el pasado («Es que antes podíamos abrazarnos», «Es que antes nos tomábamos las cervecitas y éramos tan felices...») o esperando constantemente una respuesta positiva del futuro («A ver cuándo encuentran la vacuna...», «A ver cuándo se acaba esto», «A ver cuándo recuperamos no la nueva normalidad sino la normalidad»). Cuando tu cabeza recuerda hacia atrás y fantasea hacia delante, dejas de estar aquí. En cambio, muchas otras personas fueron capaces de vivir el día a día y hasta de sacarle jugo.

Aprendieron a cocinar cosas distintas, a practicar nuevos deportes, a comunicarse más con sus hijos, a teletrabajar y verlo como una alternativa futura. De vez en cuando sí pensaban en el antes y el después —es inevitable que alguna vez se nos vaya la cabeza—, pero no se quedaban enganchados en ese momento, como si la vida estuviera todavía ahí. Si yo me hubiera quedado enganchada en el «Madre mía, se me han acabado las conferencias con las empresas, las obras de teatro, los pacientes de la consulta», si me hubiera dedicado más a lamentarme que a centrarme en cómo reinventarme, lo hubiera pasado mal, emocional y económicamente mal.

El pasado y el futuro no nos dan control. Al revés, suelen asociarse a sufrimiento e incertidumbre. Una de mis pacientes con ansiedad —la verdad es que tengo muchos pacientes con ansiedad— lleva diez años atormentada con la idea de que un día, en alguna reunión de trabajo o en cualquier situación, le dará un infarto. Su ansiedad le provoca agitación y palpitaciones que enseguida interpreta como la antesala de un ataque al corazón. Llora y sufre muchísimo cada vez que tiene que exponerse a una situación estresante porque no quiere morir de una parada cardíaca. Le dije: «Llevas diez años anticipando un infarto y sufriendo en situaciones que podrían ser maravillosas, perdiendo incluso oportunidades de trabajo porque el miedo te limita e impide que te expongas más a menudo. Incluso has limitado tu vida, no te atreves a ir de viaje, no te atreves a tener pareja, por miedo a morir de un ataque. Pero, dime, ¿cuántos infartos te han dado hasta hoy?». La respuesta ya me la sabía: «Ninguno». Diez años sufriendo por un futuro que nunca ha ocurrido y que lo más probable es que tampoco se dé. Diez años sin vivir un presente que podía haber sido mucho más tranquilo y del que podía haber disfrutado más. Parece mentira, pero ella nunca se había hecho esta pregunta.

Durante una crisis, cuando el malestar surge, es complicado no desear que aparezca el coche de *Regreso al futuro* para que nos teletransporte a un lugar seguro. Pero la seguridad no está en el futuro. Es preferible buscarla y trabajarla para que esté en nosotros, dentro de nosotros. Sería maravilloso que allí donde estemos, rodeados de personas o en soledad, atravesando una crisis o en un momento de paz, fuéramos capaces de mantenernos serenos y seguros.

Conociendo las ventajas de vivir en el ahora, con atención plena, sin huir ni evitar nuestra situación, te facilito siete consejos que pueden ayudarte a entrenar esta preciosa habilidad.

Aprieta el botón de pausa. Una palabra incompatible con estar y disfrutar del presente es «prisa». La relación entre disfrute y prisa no existe. La mayoría de la gente que vive con prisa, vive con agobio, va con la lengua fuera, tropieza, se equivoca, olvida. Durante el confinamiento, muchas personas decían «Siento muchísimo las muertes, los contagios, la repercusión en la economía, el trabajo extenuante de los sanitarios, pero a mí este momento de parada obligada me ha dado la vida». Ya ves, para que fuéramos capaces de parar y disfrutar de ello nos tuvieron que confinar.

Así que apretar el botón de pausa es el primer paso. Todo cambio empieza por la intención de llevarlo a cabo. La intención de parar. Busca una señal o un anclaje que te recuerde el deseo de vivir en el presente. Anticípate a la situación diciendo: «Ahora, pausa». Utilízalo cuando escribas algo en el ordenador, cuando salgas a hacer deporte, cuando te sientes a ver la tele, a comer, a hablar, cada vez que descuelgues el teléfono. Pausa significa que tu atención y tu respiración van a estar en el presente. Pausa es atender lo que ocurre en el ahora. Y si se cruza un pensamiento que te atormenta, o un mensaje al móvil, déjalos estar. Basta con que no converses con tus preocupaciones ni les prestes atención. Ya se aburrirán. Durante una crisis es fácil que te distraigas con todo lo que te angustia. Pero tú regresa al presente, a lo que está sucediendo en ese momento.

Ten más paciencia. ¿Cuánta paciencia hemos desarrollado durante el confinamiento? Infinita. Fue un momento crucial en el que aprendimos a lidiar y a convivir con estados difíciles de soportar en una situación de normalidad, como la incertidumbre, la falta de control o la paciencia. Tuvimos mucha paciencia. Empezamos con dos semanas encerrados, y aquello se fue alargando de quince en quince días. Y no nos quejamos. Aplaudimos, aprendimos, confraternizamos, acompañamos, apoyamos, y la mayoría no perdió la paciencia. Y de puertas adentro también desarrollamos la capacidad de convivir con situaciones que nos habrían parecido imposibles si nos las hubieran planteado dos semanas antes. ¿En qué cabeza habría cabido que nosotros, seres sociales de tapeo, vermut, tiendas, folclore, estaríamos tres meses sin hacer nada de eso? Sin abrazar, sin besar, sin salir. Hemos desarrollado la paciencia de esperar el momento oportuno. Ahora ya sabes que esta crisis, al igual que cualquiera de las que hayas vivido o de las que nos queden por vivir, nos ha dejado la enseñanza de que somos mucho más pacientes de lo que imaginábamos.

A partir de ahora, lleva este aprendizaje a tu vida cotidiana una vez que superes la situación. No pites, no grites, no mires el reloj continuamente, no pongas mala cara cuando alguien se atasque en la cola del supermercado, no te enfades si avanza más la cola del banco que no elegiste, no cruces en rojo el paso de peatones, no verbalices «Es que tengo mucha prisa». Nada de eso te ayuda a que el mundo ande más deprisa, y en cambio desencadena en ti ira, frustración y ansiedad.

Actúa lento. ¿Dejarías tus asuntos importantes en manos de alguien que viviera corriendo? Es decir, ¿alguien que trabajara demasiado rápido, condujera a toda velocidad, hablara atolondrado y no se parara por la calle a saludarte? Yo no. Las personas que viven corriendo me inspiran de todo menos confianza. Me generan la sensación de que van sobrepasadas. Y quien va sobrepasado se equivoca y se olvida de lo realmente importante.

En algún momento de nuestra vida nos dio por convocar a la multitarea y la velocidad. Hemos vivido con una filosofía en la que debíamos estar en varios asuntos a la vez y atenderlos todos rapidito. Los conceptos «rápido», «mucho» y «a la vez» eran claves para alcanzar el éxito. Y años después nos hemos dado cuenta de que «rápido», «mucho» y «a la vez» son las claves del estrés y la fuente de que muchas personas no lleguen a nada, tengan vidas insatisfechas, se rompan relaciones de pareja, no atendamos lo importante y hayamos dejado de disfrutar de una vida serena. Todavía me pregunto quién decidió que la velocidad y la multitarea eran buenas en nuestro equipo. Se han hecho dueñas y señoras de nuestra vida, y ha llegado el momento de decirles basta. Asociamos que ir rápido y utilizar el cerebro multitarea son características de un buen profesional, de una persona ocupada y, en definitiva, de éxito. Pero es un error. Yo no dejaría nunca mis temas profesionales en manos de alguien que no tiene tiempo y siempre anda corriendo.

Bajar el ritmo no es ir pasmado por la vida. Bajar el ritmo significa:

- Andar o conducir más despacio.
- Comer sentado, cuidar lo que comes y no saltar a por la primera croqueta como si no hubiera un mañana.
- Desconectar del trabajo al acabar la jornada. ¿Sabías que siete de cada diez españoles siguen conectados al trabajo después de su horario laboral?
- Conocer el nombre de nuestros vecinos, hablar con amigos y conocidos e interesarnos por ellos, por su vida, por los suyos. ¿No te parece maravilloso el tiempo que dedicamos a aplaudir, mirar al balcón de al lado, ver a nuestros vecinos, preguntarles cómo lo estaban llevando? En definitiva, dedicar tiempo a la comunidad.
- Practicar el consumo responsable y el comercio justo. Lo siento, no puedes aliviar tus frustraciones con pequeñas compras que aparentemente te hacen feliz. Esa felicidad es efímera.
- Meditar, por el bien de tu salud física y mental.
- Pararte a observar, sentir que respiras, tener pequeños momentos al día en los que estar contigo.
- Tener momentos de desconexión tecnológica. ¿Sabes qué es el FOMO? Significa Fear Of Missing Out. Es el miedo a pernos algo que está pasando ahora.

Disfruta de los detalles. Y de un día para otro te quedas sin muchos de los placeres que eran normales en tu vida. Durante la crisis del coronavirus nos quedamos sin terrazas, sin la presencia física de nuestros amigos y familiares, sin la comida en casa de mamá los fines de semana, sin la ayuda de los abuelos, sin un baileteo, sin una escapada de fin de semana, sin deporte al aire libre o sin nadar en la piscina. Todo aquello de lo que disfrutábamos sin ser conscientes de lo especial que era para nosotros desapareció sin previa despedida. Y entonces nos dimos cuenta del valor incalculable que tenía dar un paseo, salir a correr, abrazar a los abuelos, comer con los amigos, tapear, ir en bici, quedar en una plaza a hablar, desayunar un fin de semana en una terraza, comprar sin miedo a que nos cierren los supermercados. Todo cobra más valor cuando dejas de tenerlo. Porque tenerlo es normalizarlo. Todo lo que teníamos era normal hasta que lo perdimos.

No disfrutamos del presente porque muchos de los detalles que ocurren a nuestro alrededor forman parte de nuestros «normales». Es normal tener agua caliente, es normal tener fruta fresca, es normal tener amigos con los que reír y desahogarnos, etc. Cuando algo pasa a ser normal, pierde valor. Dejamos de ser agradecidos con ese momento y, con ello, de disfrutarlo. Presta atención a lo que te rodea, agradece lo que tienes, sé consciente del nivel de bienestar del que gozas. Y deja de mirar tanto lo que te falta y lo que no funciona.

Aparta lo que resta. Puedes elegir qué pensamientos serán titulares y a cuáles no vas a convocar. Eres el entrenador de tus pensamientos, y tú eliges cuál sale a jugar. No te des explicaciones, no argumentes contigo cada una de tus preocupaciones. Ya sabes que muchas no tienen solución en el presente, por más que te quiten la paz. Cuando dejas de prestarles atención, también dejas de darles valor. Si te interesa este tema sobre cómo tomar distancia de tus pensamientos, tienes el capítulo «La terapia de los melocotones en almíbar», mucho más explícito, en mi libro *Cuenta contigo*.

Apartar lo que resta no solo consiste en tomar distancia con esos pensamientos que no te dejan pensar de forma creativa o descansar la mente, también consiste en «apartar» a esas personas que durante tu crisis te dan muchos consejos que no tienes ganas de oír o para los que ahora no estás receptivo. Parece que en tiempos de crisis todo el mundo sabe más que el que la padece. Todo el mundo intenta, desde su mejor intención, que le escuches y te creas que lo que te dice te alivia, te ayuda, te aporta soluciones. Pero cada persona es distinta, y la mayoría de las veces los consejos de los demás no son apropiados para uno. Y escucharlos y no actuar todavía nos agobia más. Las personas que te aconsejan tampoco cuentan con toda la información que tienes tú, ni falta que hace que la compartas. Lo que quiero decir es que sus consejos son incompletos. Pide a estas personas que por favor dejen de decirte lo que tienes que hacer, que te agobia y que si en algún momento necesitas un consejo, prometes pedirlo.

Durante la crisis del coronavirus estuvimos sobreinformados. Todo el mundo daba consejos, hasta los atrevidos de la teoría de la conspiración. Teníamos más estrés por tanta información y consejos contradictorios que por la propia situación en sí. Estar sobreinformados, y no saber a ciencia cierta si las fuentes son fiables o no, genera más desconcierto que no saber. Y esto ocurre durante cualquier crisis. Tenemos los consejos de la gente cualificada, de familiares y amigos, lo que encontramos en Google, lo que vemos en televisión, lo que preguntamos a distintos expertos, porque en una crisis de enfermedad no nos basta con el diagnóstico de dos médicos, buscamos más, y llega un momento en que estamos saturados. Aparta, por favor, todo lo que no suma.

Prioriza tu intención para estar aquí y ahora. Habrá momentos en los que pienses: «Sí, sí, luego estaré en el presente, pero ahora me urge esto otro». Si siempre te dejas a ti y a tus prioridades para el final, nunca llegarán a ser una realidad. Disfrutar es un propósito que puedes empezar a practicar en cada acción del día a día, por pequeñita que sea. No temas, eso no enlentecerá tu vida. Solo la enriquecerá.

El autocuidado, y esto incluye estar en el presente, no es algo que debas dejar para cuando aparezca el tiempo perdido. Es ahora.

Ponte recuerdos visuales que te ayuden a generar el cambio. La dificultad de cambiar está más en el olvido que en la fuerza de voluntad. Por muy motivado que estés para vivir más el presente, si llevas equis años comportándote con prisas, es difícil que el simple propósito te baste para acordarte de llevar a cabo el cambio. Ponte de fondo de pantalla, en la nevera o en el coche mensajes que te recuerden que tienes la intención de disfrutar y cumplir con estos puntos. Hasta que no asimiles ese nuevo objetivo no se convertirá en un hábito. Y será un hábito porque lo habrás repetido muchas veces. Pero para poder repetir algo y que pase a formar parte de tu rutina, tienes que acordarte de ello. Y no te castigues diciendo cosas como: «¡Si no soy capaz de recordarlo es que no debe de importarme tanto!». Deja de fustigarte y ponte recuerdos visuales que te ayuden. Hazlo fácil.

Y recuerda: estar presente, sentir, aprender de las emociones no significa desatender tu crisis. Al contrario, te ayudará a comprenderla mejor.

Diario de a bordo para vencer la adversidad y superar todas las crisis

El pasado y el futuro no nos dan ningún control sobre el presente, más bien generan dolor e incertidumbre.

La seguridad no está ni en el pasado ni en el futuro; debemos buscarla en cada uno de nosotros.

No puedes huir de tus emociones recordando el pasado o fantaseando con el futuro.

Centrarnos en el presente nos ayuda a contemplar la parte positiva de la vida, que obviamos en momentos de crisis.

Para sacar un aprendizaje de lo que estás viviendo tienes que observar y estar presente.

Para aprender a estar presente, aprieta el botón de pausa, ten más paciencia, actúa despacio, disfruta de los detalles, aparta lo que resta, prioriza tu atención para estar en el aquí y el ahora y ponte recuerdos visuales que te ayuden a generar el cambio.

4

Cómo cambiaría tu vida si aceptaras la situación

—Madre mía, otra vez lo mismo. Y ya llevamos así seis semanas.

—Y lo que te rondaré morena, que parece que esto va para largo, mucho más de lo que pensábamos el 15 de marzo.

—Estamos viviendo el día de la marmota. Cada día lo mismo.

—Yo incluso empiezo a no verle fin, como si mi mente se hubiera acostumbrado a que esta es ahora nuestra vida.

A pesar de que en casa tratábamos de estar activos, de compartir momentos con nuestros hijos para los que no siempre tenemos tiempo durante la rutina normal, a veces era desesperante no ver salida. Las mayores ansiaban noticias de la universidad: si los exámenes de junio serían presenciales o no, si la materia no dada se recuperaría o no... Queríamos saber cómo serían las evaluaciones de los pequeños en cuarto de la ESO, que también estaban preocupados, pues cambiaban de ciclo, y Pablo dependía de la media para poder acceder al sueño de su vida, la Escuela de Artes.

Andrés también andaba inquieto con la evolución de la Liga, que había parado y se desconocía la fecha de reanudación. El Zaragoza estaba segundo, en ascenso directo, y este año era el momento perfecto para ascender a primera división.

Yo andaba centrada en muchos temas, la divulgación en medios y en redes sociales, los webinars para empresas, los talleres virtuales, pero las obras de teatro iban cancelándose una detrás de otra; dependían de la evolución de la COVID, y poco a poco se fueron anulando todas las funciones. Silvia y yo empezamos a dar por sentado que hasta 2021 no volveríamos a divertirnos y a disfrutar con todos los que nos acompañan en *Diez maneras de cargarte tu relación de pareja.*

A todos nos estaba costando aceptar que nuestra vida había cambiado de la noche a la mañana. Por supuesto, mucho más estaba cambiando la vida de los cientos de mayores en residencias, de los familiares de los enfermos hospitalizados a los que no podían visitar... Y, mientras tanto, cientos de muertos diarios que ya no sabían ni dónde enterrar. Todos en España, desde la experiencia de cada uno, andábamos descolocados, esperando que alguien nos dijera «¡Ya hay vacuna!», «¡Ya sabemos por dónde respira este virus!» o, en el mejor de los escenarios, «¡Esto ha sido un sueño!». Porque aceptar la realidad no era algo que deseáramos ninguno. Todavía seguíamos sumidos en la queja, el desconcierto y el asombro.

Necesitábamos empezar a aceptar para empezar a actuar.

¡Qué mala prensa tiene todavía la palabra «aceptación»! Pero aceptar es la clave.

La clave de una vida serena.

La clave para empezar a actuar.

Sin aceptación, no hay evolución. La aceptación tiene mala prensa porque parece sinónimo de dejadez, de resignación, de abandono. Pero hay una diferencia entre estos términos, por lo menos a nivel psicológico.

«Dejadez» es desatender tus asuntos cuando sí puedes ocuparte de ellos. Muchas personas que atraviesan una crisis se ven tan desbordadas, tan tristes, tan agotadas, que se sienten incapaces de ocuparse de la parte de su vida que sí es controlable: desde el aspecto físico hasta los temas financieros, pasando por el cuidado de los hijos o el trabajo. Pero la dejadez nos lleva a sentirnos peor. Porque al caos y al malestar que nos genera la propia crisis se une la sensación de incapacidad personal de afrontar las responsabilidades normales de la vida.

Tuve una paciente que, debido a la enorme tristeza que arrastraba durante su separación, dejó de comer de forma saludable y de ocuparse de sus asuntos económicos. No miraba sus cuentas (estaba en números rojos), no atendía el teléfono y solo se alimentaba de doritos y refrescos. Cuanto más se dejaba, más asco se daba, y cuanto peor era la imagen que tenía de sí misma, más se dejaba. Y todo empezó por no aceptar. Eso la llevó a desatender actividades innegociables como son las que tienen que ver con el autocuidado. Cuatro meses tardó en reaccionar y en recuperar aspectos tan básicos como una ducha diaria. Por supuesto, hizo falta ayuda farmacológica.

Cuando una persona entra en un bucle de dejadez, necesita reaccionar cuanto antes. Porque ese tiempo que pasas en estado de «dejado» incrementa tu malestar e impotencia de forma exponencial. Para salir del bucle valen muchas cosas. No dejes que te acusen de falta de actitud, como si la actitud fuera el único recurso en la vida. La actitud es importante, por supuesto. Pero cuando uno se ve en lo más hondo, tirar de actitud es una auténtica proeza. Los gurús de la actitud o los mensajes descabellados del tipo «No hay techo, no hay límite» o «Los límites los marca tu actitud», que corren por las redes, añaden frustración y culpabilidad, que no motivación, a la persona que se ve hundida. Queridos gurús de la mente humana...

¡No todo es cuestión de actitud! Ya nos gustaría también a los psicólogos.

Me cansa leer a los que creen tener éxito responsabilizar a los que creen no tenerlo por una falta de actitud.

Me cansan los gurús hipermotivados, hiperpositivos, hiperpowerflowers pero sin ciencia ni rigor detrás.

Cuando se desconocen las bases biológicas del cerebro y cómo influye la fisiología, la química, etc., es fácil predicar a voz en grito y en tono megapositivo: «Los límites los pones tú, el techo eres tú, que nadie te diga que no puedes, eso solo lo decides tú».

Queridos todos los que estáis en casa con pereza, con desmotivación, apáticos, con ansiedad, bloqueados, con dejadez. Primero, tenéis todo el derecho del mundo a sentir lo que sentís, sin remordimiento ni culpabilidad. Si atravesar una crisis ya es complicado, mucho más lo es cuando además te hacen sentir culpable de tu falta de actitud. Si tu vida no es lo que tú quieres, puede que te falte actitud, por supuesto. No hace falta tener una crisis vital para perder la actitud y entrar en el bucle de la dejadez. Basta con que alguien lleve mucho tiempo intentando un objetivo complicado, como podría ser el perder peso. Varias de mis pacientes que tratan de aprender a comer con serenidad y regular su peso de forma saludable, antes hicieron auténticas locuras y siguieron dietas descabelladas que las tenían frustradas, desmotivadas e irascibles. Cuando no conseguían someterse al control de lo que es correcto y no correcto comer, se sentían culpables y empezaban con conductas autodestructivas de dejadez, como abandonar la higiene, las ganas de arreglarse, de leer o de hacer deporte. Es algo así como «Total, ¿para qué?».

Sí, puede que te falte actitud, pero... no todos tenemos las capacidades o los talentos que tienen otras personas. Sí, podemos entrenarlas y desarrollarlas, pero para algunos es más fácil. No todos contamos con el apoyo emocional y social de un entorno que nos favorece. No todos disfrutamos de unas circunstancias socioeconómicas que sumen. Además, el cerebro puede andar desequilibrado en relación con su química. No todo el mundo tiene unos depósitos de neurotransmisores en perfecto estado de revista todos los días. Y no, no eres débil por ello. Tampoco es débil el que es miope por ser miope, ni el que tiene colesterol de origen genético.

Por otra parte, no siempre encontramos un sentido o una motivación que tiren de nosotros. O podemos tener un nivel de sensibilidad que impida que las cosas nos parezcan relativas, positivas o fáciles. O tal vez carguemos con una mochila de experiencias del pasado que nos marquen.

Ah... y la mala suerte, sí, esa, también existe.

«Resignación», aunque aparezca en los diccionarios como sinónimo de aceptación, a mí me suena a «no me quedan fuerzas para seguir luchando» cuando todavía queda un resquicio de lucha. Pero esta es una opinión personal. Me gusta diferenciar estos dos términos para dar un valor positivo e incalculable a la palabra «aceptación». Entiendo la resignación como el abandono de un objetivo por el que ya no apetece luchar. Normalmente la resignación viene impuesta por las trabas de la vida, por dificultades fuera de nuestro control, ya sea la mala suerte, la dificultad burocrática, los obstáculos que surgen en cualquier proyecto.

Resignarse tampoco está mal. No se trata de hacer juicios de valor. De hecho, yo soy la primera que promulgo que hay objetivos y metas a los que haríamos muy bien en renunciar porque nos quitan paz. Como tantas mujeres adultas empeñadas en destrozarse malcomiendo con tal de seguir entrando en una talla treinta y seis. «He hecho todo lo humanamente posible por que mi padre valore mi creatividad y mi talento. Le he explicado en qué consiste mi trabajo, le he enseñado la dificultad y la precisión de lo que hago, pero ni siquiera se interesa por pasar por mi tienda. He decidido resignarme, paso. Buscar su aprobación me genera tal desgaste que acaba con la ilusión y la pasión por lo que hago. Sé que he roto todo su mundo maravilloso en torno a lo que esperaba de mí, pero estudiando ADE yo hoy sería desgraciada. Soy artista y me gusta hacer tatuajes. Creo que soy buena, aunque mis padres nunca vayan a apoyarme ni a valorarme.» Esto es lo que me relataba mi paciente Ana hace unos veinte años, cuando no se habían normalizado tanto las tiendas de tatuajes, los tatuajes ni la profesión de tatuador. Se pasó años deseando que sus padres la valoraran por lo que hacía, hasta que decidió resignarse. No se dejó, no dejó la profesión. ¿Podía haber hecho más por conquistar la valoración de sus padres? Seguro que sí, pero decidió no pagar ese precio tan alto a nivel emocional.

«Aceptar» implica dejar de quejarse, de criticar, de menospreciar, de intoxicar el momento presente con las causas o el origen del pasado en situaciones que ya no dependen de nosotros. Y esta parte final de la frase anterior es importantísima. ¿Por qué no ibas a aceptar lo que ya no puedes cambiar? En gran parte nos negamos a aceptar porque entendemos que eso significa asumir que algo es como no deseamos que sea. Pero es que es así. Y ya está. No hay más, y no hay nada que ahora, en este preciso momento, puedas cambiar. Sí, has perdido. Como yo perdí a mi marido o como perdí mi primer embarazo que suponía la ilusión de mi vida. En esta vida unas veces perdemos y otras ganamos. Y aceptar que perdemos es el inicio para poder volver al funcionamiento de nuestra vida. Porque si no lo haces, sigues en el limbo, sin capacidad de actuación ni decisión.

Se puede aceptar desde la compasión o desde el empuje de quien se reta a sí mismo. Cuando veo a la gente tan bloqueada, negándose a avanzar porque la vida ha sido injusta con ellas, me dan ganas de decirles «Leñe, abre ya los ojos, actúa, que nadie lo va a hacer por ti». Eso sí, desde la compasión y la empatía. Pero a veces necesitamos que alguien venga a agitarnos. Somos como la bebida Tang. Seguro que los de mi generación la recuerdan. Eran unos polvos con sabor a naranja o limón que se mezclaban con agua fría y que sabían de maravilla en verano. Si ahora los viera Carlos Ríos, fijo que le daba un infarto, pero a los niños nos volvían locos. Pues cuando no aceptamos estamos como el Tang sin agitar: los polvillos de la bebida, nuestra esencia, en el fondo, en lo más hondo del pozo. Y hasta que no nos agitan, no somos capaces de recobrar la sustancia. Todos tenemos sustancia, aunque estemos atravesando la crisis de nuestra vida.

¿Y si pudieras dejar en una caja todo aquello que te quita la paz y no puedes solucionar ahora?

Sería muy liberador poder desatender lo que ahora, por ti mismo, es imposible atender. Intentar atenderlo te quita horas de sueño, calidad de vida, altera tu atención y te desgasta emocionalmente. Confecciona tu caja de los olvidos. Hazla bonita, con ranura de entrada pero no de salida. Y una vez la tengas, deja simbólicamente dentro de ella los temas del pasado, presente y futuro que ahora no puedas solucionar. Puedes escribir cada uno en un papel e introducirlos en la caja. Y cuando aparezcan otra vez en tu mente, dile a tu mente algo tan simple como «No voy a hablar contigo, estás en la caja de mis olvidos».

Veamos ahora diez situaciones que debemos aceptar para poder ser más resilientes y felices.

Aceptar que no podemos con todo. El confinamiento provocado por el coronavirus ha dejado este punto clarísimo a las madres y los padres. Sobre todo a los que han tenido que conciliar el teletrabajo con la presencia constante de los niños pequeños en casa. Es imposible estar en todo y atenderlo todo. Aceptarlo significa hacer renuncias.

No puedes con todo cuando estás agotado, emocionalmente desequilibrado, cuando no te queda tiempo para ti, cuando sientes que estás sobrepasado, cuando tienes ganas de llorar sin venir a cuento, cuando andas falto de energía y vitalidad. No puedes con todo cuando tratas de ocuparte de tu profesión, de las responsabilidades de la casa, de tus hijos, de tu familia, de tus amigos y de ti mismo.

Si no frenas, si no estableces un orden de prioridades, si no decides hacer renuncias, te pasará factura. En medio de una crisis, ya vamos justos de fuerza física y emocional. No te hagas el héroe ni la heroína. Pide ayuda, deja las cosas que no son importantes o delega.

Aceptar que la gente opina sobre nosotros y nos juzga. No puedes evitar que la gente te juzgue, pero sí puedes evitar que te afecte. Los juicios de valor están tan arraigados que a veces surgen sin que queramos. Otras veces están cargados de mala intención. Pero tú puedes decidir si esas opiniones y juicios son valiosos o no, si vienen de personas con criterio, para ti, o no. Y tener criterio no está ligado con que te amen. A veces los que te aman, por su propio egoísmo de estar tranquilos o porque creen conocerte, elegirían para ti otras opciones que no van contigo.

No podemos vivir al margen de las opiniones de los demás. De hecho, estamos neurobiológicamente programados para atender esas opiniones. Pero elige bien qué y a quién escuchar.

Aceptar que somos vulnerables. Tu lado vulnerable no te hace débil, te hace humano. Tenemos miedo a mostrar nuestro lado vulnerable porque creemos que nos hace débiles y que otros podrían aprovecharse de ello. Pero lo cierto es que en general la gente no va por la vida aprovechándose de los demás. Cuando nos hallamos en medio de una crisis, sobre todo si ha sido provocada por terceras personas, ciertas distorsiones cognitivas pueden llevarnos a generalizar y a pensar que estamos rodeados de personas malintencionadas. Pero este tipo de razonamientos son fruto del momento que atravesamos, del disgusto personal y de la experiencia reciente. Si miras atrás en tu vida, te darás cuenta de que son muchas más las personas que te han ayudado que las que te han dañado.

Te animo a mostrarte tal y como eres. Mostrarnos como somos, la cara A y la cara B, nos ayuda a relacionarnos desde la humanidad y la honestidad. Así podremos disfrutar de relaciones sinceras, empáticas y verdaderas.

Aceptar que sentimos emociones. No te culpabilices por sentir lo que sientes. Me entiendes, ¿verdad? Culpable por estar triste, culpable por tener ansiedad, culpable por estar cansada... Haz sitio a tus emociones. Trata de escuchar qué te dicen, trata de aceptarlas y, si lo deseas y es posible, plantea soluciones. Pero culpa, ni media.

Hay emociones que, aunque nos duelan, simplemente hay que dejarlas estar. No trates de resolverlas, de rumiarlas. Deja de hablar con ellas, deja también de juzgarte por sentirlas, no revuelvas... Solo déjalas estar. ¿Por cuántas puntas y valles has pasado durante tu crisis? ¿Cuántas veces te has exigido estar bien para que los tuyos no se dieran cuenta? No nos damos licencia para sentir. Tratamos de ocultar nuestra vulnerabilidad pensando que así nos protegemos. Pero no es cierto. Sentir es humano y además enseña a los tuyos un modelo de respeto hacia las emociones y educa en la diversidad emocional. No solo hay alegría. Hay de todo. «Hago todo lo posible para que mis hijos no vean lo afectada que estoy. En cuanto se duermen, empiezo a llorar y no paro.» Esta frase la he oído cientos de veces en la consulta, cada vez que hay una ruptura no deseada. Escondemos nuestras emociones a nuestros hijos, haciéndonos los «estables y fuertes», y con ello les transmitimos que el dolor no es normal, que el duelo no existe y que el estado natural de los seres humanos es estar felices.

No quieras controlarlo todo. No puedes. No quieras sentirte bien a todas horas. No puedes. Pero sí puedes observar, fortalecerte, aprender de cada estado emocional y decidir vivirlo desde la curiosidad y la serenidad. Y también puedes decidir no permitir que te bloquee. La vida es maravillosa al margen de cómo te sientas. No dejes esa llamada, esa lectura, ese ratito con alguien o esa actividad para cuando estés bien. Puedes hacer muchas cosas aun no estando en tu mejor momento.

Deja de huir de tus miedos, de tus sensaciones y de todo lo que te incomoda. En esta sociedad en la que solo se quiere ser feliz a toda costa, se ha terminado confundiendo el estado de serenidad y bienestar con la ausencia de problemas y momentos duros. Y es un error. Porque parte de la felicidad pasa por el aprendizaje de los momentos difíciles que nos llevan a la superación personal.

Aceptar que no podemos controlarlo todo. Una de las lecciones que nos da la vida desde que nacemos es que el control forma parte de nuestra seguridad y supervivencia. Controlar significa tener bajo nuestra supervisión aquello que puede suponer un peligro. También implica anticiparnos a dificultades o problemas. Controlar nos da seguridad. Pero muchas veces no tenemos en cuenta un matiz muy importante. Y es que controlar nos da seguridad cuando aquello que deseamos controlar está bajo nuestra capacidad de control, pero no cuando lo que deseamos controlar no depende de nosotros.

Hemos generalizado la relación control-seguridad también a todas esas preocupaciones que escapan a nuestro dominio. ¿Y sabes cuál es el porcentaje de esas preocupaciones que deseamos controlar pero no dependen de nosotros? Nada más y nada menos que el noventa por ciento.

El control no solo lo relacionamos con la seguridad, también con el perfeccionismo y la exigencia. Querer que todo esté perfecto es otra forma de querer controlar.

Ya siento darte una mala noticia: el control genera ansiedad y frustración. No, no puedes controlar la incertidumbre. No puedes controlar qué va a ocurrir en el futuro, pero sí puedes aprender a vivir con ello. La pandemia mundial nos ha enseñado que la incertidumbre ha venido para quedarse y que tenemos que aprender a convivir con ella.

Cuando en casa se retomó la Liga, parecía que todo se normalizaría. Volvimos a los restaurantes, mis hijos empezaron a quedar con amigos, pudimos matricularnos en la Escuela de Arte presencialmente. Y de repente, en agosto, la cosa se complicó. Cientos de rebrotes por toda España, y Aragón despuntaba por el número de infectados. Es cierto que estaban habiendo menos muertes, pero el panorama volvió a asustarnos. Nos quedamos sin vacaciones, el Zaragoza no subió en ascenso directo, tuvo que disputar la liguilla de ascenso. El drama de los positivos del Fuenlabrada tuvo el calendario bloqueado y a nosotros con el calendario. Adiós a los días de descanso, a unas merecidas vacaciones con las que desconectar en familia. Es así, aunque quieras controlar la situación, la vida tiene su parte caprichosa y no siempre te permite jugar la partida a tu manera. El control nos hubiera servido de poco. Solo quedaba aceptar.

La sensación de perder el control está relacionada con la emoción de la ansiedad. Nos da miedo que pase lo peor, que perdamos el autocontrol, que se nos vaya la cabeza. Incluso muchas son las personas que temen volverse locas. Perder el control es perder la seguridad, la compostura, el poder sobre nosotros mismos. Y dejar de controlar supone perder el poder sobre el futuro, sobre lo incierto, a pesar de que este poder no lo hayamos tenido nunca.

A continuación, te facilito unos consejos para ahuyentar el miedo a perder el control:

- Tranquilo, puedes despreocuparte. Es humano.
- Enfréntate a pequeños retos que supongan dejar de controlar.
- Delega.
- Deja las cosas a medio hacer..., aunque solo sea por experimentar qué se siente. Yo esto lo practico mucho. Hay

veces que a última hora de la tarde entra algún correo o algún libro que firmar. Me quedaría mucho más tranquila si lo hiciera en ese momento, pero me digo «No, te jorobas, mañana». Y así aprendo a convivir con la imperfección y el no control.

- Despréndete de la opinión que los demás puedan tener de ti.
- Desmelénate. Haz algo un poco atrevido, no temerario, pero valiente y atrevido. Puedes empezar por pequeños cambios personales, por tener la iniciativa de mandar un mensaje a alguien que te gusta...
- Cero críticas a ti mismo.
- Cuenta con el fracaso. Forma parte de cualquier proceso. El fracaso y el error forman parte hasta de nuestra zona de confort. Hasta en ella puedes permitirte equivocarte.
- Deja de exigir a los demás el mismo control, perfeccionismo o exigencia que tienes contigo. Esta exigencia con los demás quema las relaciones personales.
- No busques lo perfecto. No existe.

Y lee el siguiente punto para convencerte de ello...

Aceptar que no somos perfectos y nunca lo seremos. Puedes abandonar la batalla del perfeccionismo..., la tienes perdida. No vas a ganarla nunca. Hay batallas que no se ganan luchando. Se ganan cuando las abandonas. Y querer ser perfecto es una de ellas. Porque cuando te has superado y has mejorado, siempre salta Pepito Grillo diciendo que todavía podría estar mejor.

¿Cuánta calidad de vida y tiempo que podrías invertir en actividades maravillosas pierdes buscando la perfección en tu vida? Muchísimo. Perfeccionando detalles que la mayoría de las veces los demás no van a apreciar.

Nos han educado en valores como la exigencia y la superación. Y están bien porque nos mejoran como personas y como profesionales. Pero a la exigencia y al perfeccionismo les pasa como a las manzanas. Una manzana al día es saludable; dos kilos, no.

¿Qué ganarías si bajaras tu nivel de exigencia, si te dejaras perder esta batalla? Ganarías serenidad, tiempo y calidad de vida.

Yo cometo errores todos los días. Con algunas cosas soy un poco «despreocupona», y en muchos momentos soy despistada. Esto me convierte en una bomba de relojería que explota en pequeña escala con errores y fallos... ¿Y sabes qué? Que no pasa nada. Antes no era así. Era exigente, doña perfecta, pero también era menos feliz, igual sonreía menos y daba importancia a cosas que hoy para mí no la tienen.

Se vive mejor, incluso con más salud.

Aceptar lo que somos y cómo somos. ¿Sabes la tranquilidad que da no tener que estar a la altura de nada? No compararte ni con amigos, ni con familiares, ni con tu pareja, ni con las fotos de Instagram ni con vidas aparentemente mejores.

No tener que superarte cada día. Porque tal y como todo está ahora, posiblemente esté bien. Superarse ayuda a crecer, pero no se puede crecer cada día. Porque no es posible y, sobre todo, porque no apetece. Nos asfixia, nos condena, nos estresa.

Y no tener que ser perfecto. La perfección no existe. Sin más. Querer ser perfecto es la peor de las comparaciones. La estableces contigo mismo cada segundo de tu vida. Siempre hay algo que se puede mejorar. Y es verdad, siempre se puede mejorar. Pero ¿es necesario?, ¿eso te hace más feliz?, ¿te hace mejor persona?

Prueba a dejar de exigirte tanto y a disfrutar más de lo que ahora eres y tienes.

Aceptar nuestro pasado. Para reconciliarte con el pasado necesitas aceptar la parte injusta de la vida.

- Perdonar, aunque sea como experiencia interna.
- Pedir perdón y reparar el daño.
- Cerrar carpetas... y olvidar.
- Abandonar objetivos exigentes que no te dejan avanzar, por los que llevas años luchando y que... igual es que no tienen que ser.
- Apreciar más el momento presente y darle valor.
- No quedarte atascado en la nostalgia. Recrearte en ella te ata al pasado.
- Dejar marchar lo que no tiene que estar en tu vida o lo que es forzado.
- Pensar que cualquier tiempo pasado no tiene por qué haber sido mejor.
- Despojarte de creencias que te hacen daño, valores del pasado que aprendiste pero que no son tuyos. Ideas que te dicen cómo deberías vivir una vida que te inculcaron pero que no compartes.

Aceptar la parte injusta de la vida. Aceptar que eso forma parte de las reglas del juego te permitirá avanzar en lugar de quedarte pillado en el «¿Y por qué a mí?». La vida tiene una parte injusta que tarde o temprano nos va —te va— a tocar. Nadie se libra de ello. Ya te he contado en el capítulo 2 una de mis crisis. Sin comerlo ni beberlo me vi sola con una hija de seis días. ¿Hasta cuándo estuve maldiciendo a la vida porque había sido injusta con mi hija y conmigo y con mi suegra y con toda la familia? Hasta que decidí que esa no era la salida, que no sumaba y que no había una relación directa entre lo que das en la vida y lo que la vida te devuelve. Tendemos a asociar, equivocadamente, que ser una buena persona es sinónimo de tener una vida justa, pero no es así. El destino, la suerte —la buena y la mala—, la intervención de terceras personas, etc., también desempeñan papeles protagonistas en nuestra vida. Y esta es una de las principales fuentes de las crisis. Desde el fallo de una persona a la que creías leal, hasta las inclemencias meteorológicas que dejan sin vivienda a tantas personas después de una inundación.

La adversidad forma parte de la vida. Y hay que aprender a convivir con ella.

Aceptar una ruptura sentimental. Esta es una de las situaciones más complicadas cuando seguimos enamorados de la persona que desea romper la relación. Pero ¿por qué querrías seguir al lado de alguien que no desea estar contigo? Ahora no te das cuenta, pero una ruptura no es un fracaso. Si lo vivimos así es porque interpretamos el amor como un concepto «para toda la vida». Una ruptura puede ser el inicio de una nueva vida maravillosa. Pero para que eso ocurra tienes que cerrar la carpeta de tu historia pasada. Tienes que dejar marchar. Nada de quedar, nada de mensajes, nada de hacerte el encontradizo, nada de forzar y hacer que la otra parte se sienta culpable.

Aceptar elegantemente que una historia de amor se ha acabado es un gran gesto de amor hacia la otra persona. El que rompe también sufre, también tiene emociones, también tiene una historia contigo. No necesita más presión. Necesita que se le facilite la decisión tan dura que ha tomado.

Y esto de aceptar, ¿cómo se cocina? A priori la palabra «aceptar» es algo que nos cuesta a todos. Pero una vez que uno ha decidido «Vale, lo voy a intentar, vamos a aceptar», la siguiente cuestión es «¿Cómo se hace?».

Se puede trabajar en una aceptación activa en la que dejamos de luchar contra lo que nos atormenta. Una aceptación en la que decidimos nuestra retirada, nos colocamos en la distancia y solo observamos desde fuera qué sucede, sin ser los protagonistas. No evitaremos la situación dolorosa, pero al dejar de implicarnos, sufriremos menos. No desaparecerán las malas personas, las injusticias, las conveniencias, no, pero dejaremos de ser parte del juego. Lo aceptamos como parte de la vida, pero decidimos qué nivel de intervención tendremos en la partida.

Lo primero que tienes que hacer es preguntarte: «¿Esto que lleva tiempo atormentándome es algo que yo puedo cambiar, retroceder en el tiempo para vivirlo de otra manera?».

Deja de hacer relaciones tipo «Si soy buena persona, merezco una vida feliz»; ahí está parte de tu dolor.

Dejar de juzgar y contemplar los sucesos de forma más objetiva atenuará el dolor. Todo lo que juzgas, todo a lo que le atribuyes una razón, un motivo, la mayoría de las veces sin conocerlo, te hace sufrir. «Me trata así porque a mí me quiere menos, porque a mí no me valora, porque le hago menos la pelota, porque no lo merezco...» Deja de pensar cómo deberían haber sido las cosas. Son como son.

Deja de buscar el motivo de por qué ocurrió y por qué a ti. Pensamos que las explicaciones nos dejan tranquilos. Necesitamos tener todo bajo control. Pero no todo tiene una explicación. Hurgar en la llaga crea más dolor y no te deja cerrar la carpeta.

Aceptar es no dialogar con tus pensamientos limitantes, críticos, negativos. Deja de hablar con ellos. Los entretienes y les das importancia y así se mantienen vivos. Esta práctica de hablar contigo mismo no te ha servido para nada, es más, te enciende cada vez que la practicas. Empiezas recordando el pasado y terminas sintiéndote fatal.

¿Qué va bien en ti? Solo el hecho de desplazar el foco a lo que sí funciona hará que aceptes lo que va mal y que deje de incordiarte.

Sé agradecido con la vida y con lo que te rodea.

Ilusiónate con proyectos y personas que puedan hacerte feliz, con las que compartas valores y que te llenen de energía.

Trabaja tu atención: ¿qué está pasando en este momento? Hay muchas cosas que te pierdes de la vida por no prestarles atención. Suceden, pero no las ves.

Deja de implicarte, no es tu batalla. Aceptar implica elegir: decido que esto me quite mi paz o decido que no sea así.

Diario de a bordo para vencer la adversidad y superar todas las crisis

Hay diferencia entre dejadez, resignación y aceptación.

No todo en la vida es actitud... ¡Ya quisiéramos!

Aceptar significa dejar de luchar y dejar de desesperarte por aquello que tú ahora no puedes cambiar.

Debemos aceptar que no podemos con todo, aceptar que la gente opine sobre nosotros y nos juzgue, aceptar que somos vulnerables, aceptar las emociones que sentimos, aceptar que no podemos controlarlo todo, aceptar que no somos perfectos y nunca lo seremos, aceptar que somos lo que somos, aceptar el pasado, aceptar la parte injusta de la vida, aceptar una ruptura.

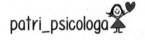

5

Entrena la inteligencia adaptativa

—Chicas, pues esto es adaptarse o morir.

—Pero es que es injusto. Los profesores no nos dicen nada. Yo estoy harta. Me está desesperando.

—Todo está cambiando. Va a cambiar nuestra forma de estudiar, de examinarnos, de trabajar, de vivir. A mí también me cuesta creerlo.

Salíamos al supermercado o a la farmacia y el panorama era desolador. Personas por la calle que parecían zombis, incluidos nosotros. El miedo a acercarnos, la confusión en mucha de la información que nos llegaba, las mamparas de metacrilato en las farmacias y las cajas de los supermercados, el uso de guantes en todos los establecimientos abiertos, el gel hidroalcohólico, y todos por la calle con mascarilla. Parecíamos salidos de una película de ciencia ficción. Pero no era ciencia ficción, era nuestra realidad.

Una crisis es incierta, impredecible, cambiante y, por supuesto, desafiante. No nos sirven antiguas creencias ni antiguos procesos. No nos sirve lo seguro, lo controlable, lo de antes..., aunque lo de antes sea el día anterior. Porque tal y como vimos en el confinamiento, la crisis nos pilló un 14 de marzo, de repente, sin esperarlo, y no nos quedó otra que adaptarnos. Adaptarse o morir. No hay otra. Fíjate si el concepto de «adaptación» es importante, que la definición de «resiliencia» que da la American Psychological Association (APA) lo incluye: «La resiliencia es el proceso de adaptarse bien a la adversidad, a un trauma, una tragedia, una amenaza, o a fuentes de tensión significativas».

La vida es caprichosa. Cuando ya le habías cogido el gusto a algo, da un giro y te obliga a reinventarte. Yo nunca había hecho pan, no había cocinado tanto, no había colgado vídeos cocinando con mi hija, no había dado conferencias virtuales, no había hablado a una cámara de un ordenador sin saber quién estaba escuchando detrás —salvo a la cámara de la televisión—, no había estado confinada veinticuatro horas en casa durante tres meses.

Y, casi sin darnos cuenta, fuimos adaptándonos a una realidad que nunca habíamos imaginado. Algunos se adaptaron rapidísimo. Incluso son muchos los estudiantes que han dicho haberse sentido mejor con esa modalidad escolar a distancia y virtual; más libres, más autodidactas, más motivados. Los que hemos estado teletrabajando —salvo aquellos para los que ha sido casi incompatible con la crianza de bebés y niños pequeños— hemos descubierto que el teletrabajo tiene muchísimas ventajas, que favorece la conciliación personal y familiar, y que ganamos calidad de vida. Hemos aprendido a salvar obstáculos que parecían imposibles. Nos hemos reunido telemáticamente, hemos dado conferencias virtuales y hemos comprobado que a los clientes también se les puede atender por videoconferencia. Los médicos han mandado recetas por e-mail y han diagnosticado con escáneres virtuales. Hemos participado en consultas virtuales con todo tipo de profesionales, desde la abogacía o la asesoría a la salud, y de todas las especialidades. Así hemos estado trabajando empresas, autónomos, sector servicios, proveedores, clientes. Muchas empresas han aprovechado esta situación para «ponerse al día» y reinventarse. Han dado forma a su imagen online si no la tenían, han modernizado su página web, mejorado el servicio de venta online, buscado alternativas al mercado —como fabricar mascarillas o dispensadores de gel hidroalcohólico— o generado sistemas para poder teletrabajar y reunirse sin tener contacto.

En definitiva, durante la pandemia todos nos pusimos las pilas para adaptarnos lo antes posible. Y nos las pusimos a un ritmo vertiginoso, salvo todos esos negocios más orientados al sector servicios que lo tuvieron complicadísimo, por no decir imposible, como hoteles, cafeterías o restaurantes que no estaban preparados para vender a domicilio, etc.

La capacidad de adaptación, ese tesoro interno que tenemos los seres humanos, es lo que nos ha permitido evolucionar y ser lo que somos hoy. Sin adaptación no seríamos capaces de superar una ruptura, de volver a buscar un nuevo empleo, de formarnos en algo distinto para acceder a otras oportunidades laborales, de desprendernos de personas que nos restan, de superar una enfermedad o aprender un nuevo estilo de vida para vivir de forma más saludable. La adaptación es vital. Y durante y después de vivir una crisis, todavía lo es más.

El concepto «inteligencia adaptativa», acuñado por Stephen Hawking, podría ilustrar el trasfondo de este capítulo y, para mí, es uno de los grandes pilares de la resiliencia. El famoso científico falleció en 2018 después de sufrir una larga enfermedad degenerativa, esclerosis lateral amiotrófica, que lo mantuvo postrado en una silla de ruedas casi toda la vida; para comunicar sus fantásticos pensamientos y teorías, solo contaba con un aparato reproductor de voz a través del cual podía transcribir y comunicar su conocimiento. El genio decía que la clave de esta vida era adaptarse al cambio, al personal y al contexto de nuestra especie. Todos nos hemos tenido que adaptar ahora a esta nueva normalidad, como se le ha dado en llamar.

Durante muchísimos años relacionábamos inteligencia con memoria, cálculo matemático y otras habilidades académicas, y tradicionalmente se vinculaba la inteligencia con el coeficiente intelectual-IQ. Inteligente era aquel que sacaba buenas notas o aprobaba una oposición complicada. La inteligencia ha sido siempre una manera de clasificar a las personas. Y todavía lo sigue siendo. Las pruebas para saber si eres «supuestamente» inteligente son bastante absurdas e inútiles. Clasifican, marcan, etiquetan y, por supuesto, discriminan. A partir de una puntuación te dicen si eres válido o no. La mayoría de estas pruebas miden la inteligencia académica (lógica, razonamiento, números, letras...) y olvidan otros talentos. De hecho, hay tantas inteligencias como personas. ¿No te parece que Marie Kondo, la autora de *La magia del orden*, independientemente de la puntuación que pudiera obtener en un test, es una mujer muy inteligente? Su inteligencia se basa en saber ordenar, clasificar y deshacerse de lo inútil..., inteligencia, por cierto, para la que yo puedo estar en la media... tirando para abajo. Pero seguro que ella en esa habilidad o talento puntúa altísimo. Los colegios, las notas, el sistema llevan a muchos de nuestros hijos a pensar que no están a la altura, que son tontos, y con ello se debilita muchísimo su seguridad y autoestima.

Pero poco a poco fueron surgiendo psicólogos, pensadores y pedagogos que señalaban distintos tipos de inteligencia. La teoría de la inteligencia múltiple de Howard Gardner, de la Universidad de Harvard, defiende que en los seres humanos existen ocho inteligencias: musical, corporal-cinestésica, interpersonal, lingüística-verbal, lógica-matemática, naturalista, intrapersonal y visual-espacial. Todos somos inteligentes de una manera u otra, todos tenemos talentos y capacidades, distintos, pero los tenemos. Como decía Einstein: «Si juzgas a un pez por su habilidad para trepar árboles, pensará toda la vida que es un inútil».

La capacidad de adaptación también forma parte de la inteligencia. Saber adaptarte a la situación de transformación fruto de una crisis es una conducta inteligente, aunque no sepas ni restar ni sumar. Cuando una crisis pone a prueba tu capacidad de adaptación, necesitas saber en qué eres bueno, en qué eres talentoso, trabajar el autoconocimiento, mirar hacia dentro para conocer todo lo maravilloso que llevas dentro.

Como pensar en nuestros talentos, en nuestras inteligencias, en nuestra capacidad de adaptación es algo a lo que no estamos acostumbrados porque lo relacionamos con una falta de humildad, te voy a guiar con dos ejercicios.

Primer ejercicio
¿Qué hago de manera especial, diferente,
a qué me gusta dedicarle tiempo, en qué destaco?

Cualquier respuesta es válida. Ordenar, cantar, razonar, relacionarte con gente, divertir a otros, cocinar, hacer alguna manualidad, construir, fotografiar, decorar, pensar, dirigir, tomar decisiones... Todos tenemos capacidades para hacer algo de forma extraordinaria. Y si entrenamos esa virtud, aquello en lo que destacamos, además de disfrutar de ello tomaremos conciencia de dónde está nuestra genialidad.

¿Si dedicaras tiempo a entrenar o a formarte en estas capacidades, que ahora puede que te suenen a «afición» y que no les veas una salida profesional, desarrollarías una destreza de la que poder vivir, económicamente hablando, en un futuro? Ya sé que parece complicado, y nadie te pide que dejes tu trabajo actual y lo abandones todo para desarrollar tu talento..., salvo que económicamente puedas permitirte ir a por tu sueño. Pero si poco a poco fueras dedicándole tiempo y formación, ¿algún día podrías dar el salto? Muchas son las personas que, gracias a la visibilidad gratuita de las redes sociales, han compartido aquello que para ellas era una afición, una pasión, han conseguido seguidores, admiración y en un momento determinado decidieron crear una empresa o un proyecto profesional en torno a lo que adoran. Un ejemplo claro es Laura Baena de Malasmadres. Todo empezó con un movimiento y un blog, y ahora es una empresa con varios trabajadores y un verdadero movimiento social con el que cientos de miles de mujeres nos identificamos y que agradecemos.

Una de mis pacientes perdió su trabajo hace unos años. Era ingeniera de minas. Su profesión le gustaba más antes de empezar a trabajar en ella; una vez que se vio dentro de la dinámica descubrió que no le apasionaba tanto. Tenía turnos complicados que le impedían compaginar trabajo, vida familiar y su pasión, la decoración. Dedicaba sus ratos de ocio a restaurar todo tipo de muebles, objetos de decoración, combinaba telas y colores y tenía un gusto exquisito. Pero solo era una afición. Compartía sus obras en las redes sociales, con los amigos y la familia, y todo el mundo alababa su minuciosidad, su gusto, su excelencia. Cuando restauraba, era feliz, perdía la noción del tiempo. En su casa tenía un porche que estaba siempre lleno de telas, de pinturas, de muebles viejos. Ese porche era su lugar de recreo.

La mina en la que trabajaba tenía los días contados, y poco a poco iban despidiendo al personal. Sabía que ese momento le iba a llegar también a ella, era la crónica de una muerte anunciada. Así que su despido no la cogió de sorpresa. Aun así, a pesar de ser algo esperado, le dio miedo el abismo de no tener un trabajo fijo. Pero durante el viaje de la oficina a su casa, que duraba unos cuarenta minutos, empezó a fantasear con dedicarse profesionalmente a la restauración. Me contó que entró en su casa gritando a su marido «¡Me han despedido!», encendió el ordenador y buscó formación sobre restauración de muebles. Decidió apuntarse a varios talleres.

A lo que más le costó adaptarse fue a la pérdida de un horario fijo, a tener la vida ordenada en función de los horarios de trabajo. Pero pronto descubrió la libertad de gestionar su propio tiempo. Y también le costó empezar a cobrar por su afición. Hasta entonces solo cobraba a la familia y a los amigos el coste de los materiales que utilizaba, pero ahora aquello se había convertido en su profesión.

Tardó varios años en tener una estabilidad económica, pero contaba con la ayuda de su pareja, que tenía trabajo. Y ahora afirma que su despido fue el inicio al camino de la felicidad.

Segundo ejercicio
¿Cómo conseguí adaptarme a otras crisis?

Cuando superamos una crisis, tratamos de olvidar todo lo ocurrido, incluso lo que hemos podido aprender de las situaciones difíciles. Queremos pasar página, olvidarnos del dolor y de lo mal que lo hemos pasado. Pero negarnos a evaluar la experiencia y a aprender de ella es un error. Primero porque, a nivel emocional, si dedicamos un tiempo a sentir, a comprender lo que hemos vivido y a cerrar la carpeta emocional, será más sencillo encajar la experiencia. Y segundo porque, si nos permitimos reflexionar, aprenderemos a conocernos mejor. A conocer nuestra capacidad de resiliencia, de reinvención, de superación. No somos conscientes de lo fuertes, capaces y maravillosos que somos porque no nos concedemos espacio ni tiempo para conocer esta información.

Dedica un tiempo a pensar en cómo superaste otras crisis. Incluso si tu forma de superarlas fue pedir ayuda. Pedir ayuda no es nada fácil. Hay que tener valentía y humildad para hacerlo.

Si salieras ahora a escena, en medio de un confinamiento, en medio de una crisis personal, si tuvieras que salir a protagonizar el momento, ¿qué harías? No puedes dejar de ser el protagonista de tu vida. Así que de lo que se trata es de que en cada crisis seas capaz de buscar nuevas soluciones a nuevos escenarios. En la capacidad de adaptación está el éxito.

¿Qué dificulta la adaptación? Superar una crisis y adaptarse a la nueva situación puede llevar tiempo. Depende de muchos factores, como veremos a continuación. A algunas personas el impacto de las circunstancias puede traumatizarlas de tal manera que sufran lo que se denomina «trastorno por adaptación», recogido en el *Manual Diagnóstico y Estadístico de los Trastornos Mentales DSM-5*, publicado por la Asociación Estadounidense de Psiquiatría. El trastorno de adaptación se caracteriza por un nivel de estrés o desesperanza clínicamente significativo debido a la incapacidad de la persona en cuestión para desenvolverse ante una situación que requiere adaptación.

Debe reunir las siguientes circunstancias:

- Tener síntomas emocionales o conductuales dentro de los tres meses después de que suceda un determinado factor estresante en tu vida.

- Sufrir más estrés del que normalmente se esperaría en respuesta a un suceso de vida estresante o sufrir estrés que provoque problemas significativos en tus relaciones, el trabajo o la escuela.
- Los síntomas no son el resultado de otro trastorno de salud mental o parte del duelo normal.

El trastorno por adaptación puede ir acompañado de ánimo depresivo, ansiedad, alteración de la conducta, o una mezcla de alteración conductual y emocional. Las personas con trastorno por adaptación son incapaces de pensar, de centrarse en soluciones, abandonan su vida cotidiana, sus responsabilidades más sencillas, y son incapaces de reaccionar ante la nueva situación.

Otras personas, la inmensa mayoría, vivimos las crisis desde emociones intensas pero nos seguimos sintiendo capaces de buscar ayuda y soluciones para normalizar nuestra vida cuanto antes.

Y, aun así, existen una serie de circunstancias que pueden dificultar el proceso de adaptación. Veámoslas.

Piensas que llegas tarde. Hay personas que se sienten inseguras ante la idea de «ponerse al día». Es posible que lleven tiempo sin formarse, que fueran malos estudiantes, que no se hayan puesto al día con la tecnología... Estas etiquetas les suponen un lastre. Se descalifican sin siquiera haberlo intentado. Se comparan con compañeros de la misma edad que manejan bien las redes sociales, los programas informáticos, las aplicaciones, que tienen curiosidad por aprender, que están al día.

Si partimos de la base de que no te ves capaz, va a ser difícil que prestes atención a nuevos aprendizajes. Pero los seres humanos tenemos plasticidad cerebral, es decir, nuestro cerebro se nutre y rejuvenece con cada nuevo aprendizaje: está preparado biológica y funcionalmente para seguir aprendiendo siempre. Siempre que tú lo desees. ¿Te imaginas a mi paciente, ingeniera de minas, ahora restauradora de muebles, sintiéndose incapaz? Si hubiera pensado que muchos compañeros de trabajo le llevaban veinte años de ventaja, jamás habría abierto el ordenador para buscar formación después del despido. Habría empezado a rumiar, se habría minusvalorado, no habría decidido ponerse al día, no se habría adaptado. Pero ni se lo pensó. Fue a por lo que la apasionaba. No empezó a juzgarse ni a compararse. El proceso de adaptación lleva implícito un aprendizaje tecnológico, técnico, emocional, social, económico... De lo contrario, no sería adaptación, sería seguir haciendo lo mismo.

No sabes pedir ayuda. Pedir ayuda —delegar, que alguien te eche una mano con la casa o con los niños, pedir trabajo, pedir dinero, pedir tiempo, pedir una oportunidad...— no es una debilidad, a pesar de que muchas personas lo vean así.

Nos da vergüenza y nos sentimos acomplejados al vernos dependientes de la respuesta o de la ayuda de otros. Pedir ayuda es sentirte fracasado, porque se entiende que una persona adulta tendría que poder resolver sola su situación.

Durante la etapa de la COVID vivimos una situación laboral devastadora. El número de parados se incrementó como nunca en España. Ante esta situación, todos deseamos ayudar a mejorar la vida de otras personas, arrimar el hombro, ser solidarios. Pedir ayuda es lo que tu entorno está deseando que hagas, porque tu entorno no siempre sabe qué necesitas. Pedir ayuda forma parte de la capacidad de adaptación.

Eres mentalmente inflexible. Las personas poco flexibles son aquellas a las que les cuesta cambiar de planes. Tener que adaptarse a los cambios les afecta seriamente, y lo demuestran a través del enfado y la rabia. También son inflexibles quienes no escuchan y repiten una y otra vez un argumento sin aceptar que existen otros puntos de vista. Rechazan todo lo que no se vea desde su prisma.

Las personas inflexibles tienen problemas de adaptación fuera y dentro de una crisis, porque solo se sienten a gusto cuando se hace lo que a priori han planeado o cuando se sigue su método. Con ello, dificultan también el proceso de adaptación de sus amigos, alumnos o trabajadores. Si jerárquicamente están por encima, pueden ser un cuello de botella en grupos de trabajo y organizaciones porque dificultan la toma de decisiones con prontitud.

Pero de una crisis se sale si uno reacciona y actúa con rapidez. No puedes llegar tarde. Algo sencillo, si eres rígido y te bloqueas ante el cambio, es escuchar lo que las personas de tu alrededor te proponen.

Sobre cómo ser mentalmente más flexible hablaremos más adelante.

Ya eres mayor. Si no sabes qué día vas a morirte, ¿cómo sabes que ya es tarde para empezar algo nuevo? La falta de confianza y la actitud limitan mucho más que la edad. Nuestra sociedad tiende a arrinconar lo viejo y a sobrevalorar la juventud, asociada a lo bello, lo bueno, lo capaz. Es posible que a cierta edad no te sientas capaz de adaptarte o reinventarte. Crees que nadie se fijará en ti. No te das cuenta de que quien no se fija en ti eres tú mismo.

Si la edad no te limitara, ¿qué estarías viviendo ahora?, ¿qué estarías intentando? Conozco a gente que ha estudiado una carrera universitaria a partir de los cuarenta años, o jubilados que se han convertido en unos fieras con el ordenador gracias a la curiosidad y al ensayo y error.

Piensas que adaptarte es muy complicado. ¿Y si no costara tanto como crees? Puede que sí, puede que no. No obtendrás la respuesta hasta que no te pongas a ello. A veces vemos más peligros y dificultades en el futuro de los que realmente hay.

¿Y si fuéramos capaces? Solemos estar más pendientes de nuestros miedos y posibles fracasos que de reconocer y valorar nuestras fortalezas. Pensar en los miedos te debilita. Es más, puedes intentarlo a pesar de tus miedos e inseguridades. Solo así sabrás de qué eres capaz.

Gran parte de la capacidad de adaptación depende de la inteligencia emocional. De saber entender cómo nos sentimos y aprender a manejar esos estados emocionales para que no nos bloqueen.

Y entonces, ¿cómo lo hacemos? Dijo Charles Darwin que las especies que sobrevivían eran aquellas capaces de adaptarse a un medio cambiante. Con crisis y sin crisis, vivimos en un entorno en constante cambio: la tecnología, los protocolos y procedimientos de trabajo, la manera de hacer ejercicio, de alimentarnos, de vivir, de sentir. Somos evolución. Y esta pandemia nos ha demostrado que cuando menos nos lo esperamos necesitamos salir de nuestra zona de confort y transformar nuestro estilo de vida y de trabajo.

La capacidad de adaptación, a pesar de ser una habilidad indispensable para la supervivencia, no es uno de nuestros puntos fuertes. Adaptarse implica cambio. Y el cerebro suele ser reacio a los cambios. Le gusta lo conocido, lo seguro, lo previsible.

Tememos el cambio porque nos saca de nuestra zona de confort. En un proceso de cambio nos sentimos inseguros, indecisos, errantes. El miedo y la duda crecen cuando somos nosotros los que tenemos que tomar decisiones.

El primer paso para poder adaptarnos es entender qué estamos sintiendo en ese momento, entender nuestras emociones. Si se trata de miedo, de inseguridad, de ansiedad. O si es todo a la vez. Las emociones pueden ser grandes bloqueadoras de la acción. Mientras nos sentimos incómodos con ellas, es fácil que no seamos capaces de implicarnos, como si antes tuviéramos que resolver lo que sentimos. Pero es posible hacer las dos cosas a la vez. Podemos entender qué sentimos e ir dando pasos hacia delante.

Podemos aceptar que estamos nerviosos o tristes y no por ello dejar de formarnos, de gestionar nuestro negocio a la medida de lo nuevo, de adaptarnos al teletrabajo... Tal vez no seamos tan eficaces como fuera de una crisis, pero no hacer nada por no sentirnos completamente seguros incrementará nuestra inseguridad.

Acepta lo que no depende de ti. En los capítulos 4 y 9 encontrarás todo lo que necesitas saber sobre aceptación. Aceptar lo que no depende de ti es dejar de dar vueltas a preocupaciones que ahora, en este preciso instante, no tienen solución por tu parte. Deberías hacerlo por dos motivos muy importantes. Primero, porque querer ocuparte de algo que no está a tu alcance solo incrementa el valor de lo que te preocupa, pero no tiene premio, es decir, no te dará la solución. Segundo, porque al no aceptar estás robando tiempo a otros asuntos que sí puedes atender y que ahora, por falta de energía, tiempo o atención, estás descuidando.

Diseña tus nuevas rutinas. Adaptarnos a una situación nueva implica cambiar nuestras rutinas. El capítulo 1 te ofrece la información que necesitas sobre este tema tan importante. Recuerda repetir tus nuevas rutinas hasta que estas se transformen en hábitos.

Póntelo fácil. Hemos visto a lo largo de este capítulo que los cambios y la adaptación, a pesar de ser vitales para nuestra supervivencia, son complicados. Así que cuanto más fácil nos pongamos las cosas, mejor. Por ejemplo, conozco muchas mujeres que cuando se separan de su pareja, durante un tiempo, mientras reorganizan su vida, sus niños, sus horarios, se instalan una temporada en casa de sus padres. Ya sé que para muchas esta solución sería estresante, pero otras prefieren no tener que pensar en qué cocinar, sentirse acompañadas por la noche cuando acuesten a sus hijos o contar con una ayuda para recoger o llevar a los pequeños al cole mientras encuentran asistencia doméstica de confianza. Algunas personas, cuando cambian de ciudad o de país por motivos laborales, buscan residencias o pisos compartidos en lugar de comprometerse con un alquiler definitivo sin conocer la ciudad, las zonas, las costumbres. Es una manera fácil de familiarizarse antes de tomar decisiones definitivas con un alquiler. Tuve una paciente recién separada que no había cocinado nunca y optó por no complicarse aún más la vida: llamaba diariamente a un servicio de catering hasta que aprendió a cocinar.

Es posible que pienses que tirar por lo fácil durante una

crisis es de cómodos o de vagos, pero todo lo contrario: es de inteligentes. Porque la atención que dejas de prestar a ese ámbito de la vida puedes dedicarla a otros asuntos más importantes y urgentes; asuntos que solo puedes resolver tú, que requieren de ti. Elige qué puedes dejar de hacer, o hacer de una forma fácil, para que toda tu atención y energía se centren en los temas que solo puedes solucionar y decidir tú.

Rétate. A algunas personas marcarse retos les sirve de motivación. A otras, en cambio, los retos las angustian. Si eres de las primeras, si sientes que los pequeños retos te dan un plus de motivación, anímate con ello. Adaptarse es cambiar, es dar pasos, y los retos ayudan a avanzar.

Puedes retarte con el orden de la mudanza, con nuevos aprendizajes en el teletrabajo, con distintas formas de relacionarte con personas nuevas cuando te acabas de separar... Es cuestión de que juegues contigo para ir avanzando.

No te exijas de más ni quieras hacer todo bien desde el principio. Se trata de adaptarnos a una nueva situación, no de que la adaptación sea perfecta. Si en estos momentos te exiges más de la cuenta, tu nivel de ansiedad y frustración aumentará. Recuerda, ahora buscamos lo fácil.

Olvídate de tu exigencia y de querer hacer todo como antes de la crisis. Yo antes de la pandemia me arreglaba cada día con tacones incluidos para ir a dar conferencias. ¿Me los pongo también ahora para un webinar? No. Antes estaba pendiente de nimiedades o detalles que ahora han dejado de ser importantes. Incluso me relajé con el tiempo que mis hijos dedicaban a las pantallas. Dado que todo era a través de los ordenadores y los móviles —el colegio, los exámenes, los amigos confinados—, les permití muchas más horas de exposición. Ya volveremos a retomar más el control cuando todo se haya normalizado.

Enfréntate a tus miedos. Hemos hablado antes de la importancia de ser conscientes de lo que estamos sintiendo. Las emociones tienen nombre y nos dan información. Pero no basta con conocerlas, hay que decidir cuándo tendrán un papel secundario en nuestra vida o cuándo les daremos más protagonismo. Mientras el miedo te domina, permites que tus emociones tengan un papel protagonista. Lo sabes porque limitas tu vida, retrasas decisiones importantes, no te comprometes...

Pero si te quedas paralizado por ese miedo, no irás hacia delante ni hacia atrás. ¿Miedo a fracasar, a que la decisión no sea la correcta, a perder dinero, a que la solución que se te ha ocurrido no tenga futuro...? Ya he contado que cuando el confinamiento recuerdo haberme quedado bloqueada a medida que se iban anulando mis conferencias, talleres y obras de teatro. Pero me duró una semana. Luego pensé que tendría que plantearme lo de dar talleres virtuales, y eso implicaba adaptar mi web, pagar una plataforma para impartir talleres, invertir dinero y el esfuerzo de mi equipo de trabajo y, por supuesto, ponerme delante de la cámara del ordenador sin ver a nadie y confiar en que mi mensaje llegaría bien a todos los que se apuntaran..., si es que se apuntaba alguien. No tenía miedo, pero sí incertidumbre, inquietud, dudas. Pero yo soy de las personas que siempre tiene el sí por delante y ya luego trato de buscar soluciones para ese sí que he dado. Y así fue. Ahora me alegro muchísimo de ese paso que di, del dinero que invertí y del tiempo invertido por mi equipo, un tiempo de oro en un proyecto que está funcionando genial. Pero no fue fácil. No me sentía nada segura al principio. Y tuvimos problemas que fuimos corrigiendo con cada experiencia con los talleres.

Piensa en cómo la nueva adaptación mejora tu vida personal y profesional. A veces la motivación no la encuentras en la adaptación, sino cuando fantaseas con cómo mejorará tu vida una vez que te hayas adaptado al cambio. Visualizar, imaginar, nos lleva a sentir. Y ese bienestar y seguridad que proyectamos en el futuro, cuando todo ruede, es el motor que nos mantiene motivados para seguir venciendo los miedos e implementando lo nuevo.

Cuando mi equipo y yo pusimos en marcha la consulta online durante el confinamiento, fue un trabajo durísimo para todos, pues incluía cambios en muchos ámbitos: informática, selección de psicólogas, ley de protección de datos, gestionar los pagos a través de la web... Fue largo y complicado, mucho más de lo que imaginábamos. Pero yo siempre les transmitía: «No hay prisa, tranquilos, cuando lo consigamos será el momento». Y, sobre todo, me decía para mí: «Dentro de unos días, de unas semanas, igual un mes, nos habremos familiarizado con todo esto que ahora parece tan complicado». Así fue. No solo nos hemos familiarizado, sino que el sistema que tenemos ahora para trabajar online es un gusto. Tengo que reconocer que mi equipo de trabajo es un tesoro.

Impulsa la creatividad. La creatividad, aunque algunos piensen que es un rasgo exclusivo de los genios, es una virtud que todos tenemos. Cuando amas tu trabajo, encuentras nuevas vías para reinventarte.

Pero la creatividad es una función cognitiva que necesita que le des espacio. Mientras estás atento, concentrado, resolviendo problemas, la creatividad descansa. Necesita pillarte ocioso, distraído, jugando, aburrido. Entonces es cuando aparecen esos «momentos eureka».

No tengas miedo a descansar y relajar la mente; es necesario para que se reinicie y piense desde otra perspectiva. Cambiar los estímulos de tu entorno puede ayudarte a pensar con más creatividad. Por ejemplo, en lugar de buscar soluciones sentado a tu mesa de oficina, sal a buscarlas mientras paseas por el parque. Ver verde, plantas o gente corriendo puede llevar a tu cerebro a buscar alternativas desde otro plano.

Algunos estudios han demostrado que convivir o trabajar con plantas, o con color verde en la decoración, puede incrementar en un 15 por ciento la capacidad de ser creativo.

Innova. Ábrete a lo nuevo. ¿Qué está haciendo la competencia? ¿Hacia dónde va el mercado? Para estar al día y poder innovar, necesitas estar formado e informado. Hay personas que después de estudiar una carrera o hacer un grado formativo se olvidan de seguir aprendiendo y no vuelven a reciclarse.

Anímate, aunque sea como autodidacta, a estar al día de las tendencias de tu profesión. Los visionarios se adelantan, ven ahora lo que en un futuro puede ser un éxito, pero un visionario necesita, primero, tiempo para pensar y, segundo, leer, ver o escuchar nuevos estudios, las tendencias del mercado, etc.

¿Te acuerdas de la película *El día de la marmota*, en la que el actor principal se levantaba cada mañana en el mismo día del año, el Día de la Marmota, y ocurría siempre lo mismo? Estaba atrapado, sabía que tenía que cambiar algo, actuar, pero no sabía cómo. Y cuando dio con la tecla, la vida siguió adelante.

Te animo a que revises los puntos que hemos tratado y recojas por escrito aquello que se te da bien o te ha servido en otras crisis. Y anota también lo que debes entrenar más para que en la próxima situación complicada sientas que tienes recursos para adaptarte con más facilidad.

Diario de a bordo para vencer la adversidad y superar todas las crisis

Todos tenemos algún tipo de talento, habilidad, capacidad, que nos hace inteligentes.

Si todos tenemos algún tipo de inteligencia, todos podemos adaptarnos al medio.

Nunca es tarde para continuar aprendiendo. La curiosidad es un ingrediente fundamental para seguir estando al día.

No permitas que una emoción te limite; puedes entenderla, gestionarla, aceptarla, pero no dejes que te paralice.

Pide ayuda; la gente está deseando colaborar en tu bienestar.

Escucha, aprende, no te obceques en tus ideas.

Póntelo fácil. Infravaloramos lo fácil porque parece que no cuesta ningún esfuerzo y, por tanto, es como si no tuviera valor. Pero ¿te parece poco esfuerzo el que haces mientras atraviesas una crisis?

Actúa al margen de tu emoción. No permitas que la emoción tenga un papel protagonista en la película de tu vida.

Fantasear con el premio te mantiene motivado.

6

No se trata de abrir los ojos, sino de abrir el corazón

—Es que voy a suspender, lo sé... Esto se me está dando fatal, ¡no sirvo para estudiar así! Es un rollo, mamá. Yo soy muy organizada y esto es un desastre. ¡Estoy muy agobiada!

—Tienes razón, es un rollo. Te entiendo. Estamos todos igual, perdidos, pero estar todo el día sacándonos los defectos no nos ayuda.

—¡Pero es que voy a perder el curso!

—Tengo la impresión de que luego todo se ordenará solo. Los profesores serán compasivos y comprensivos con la situación actual, ya lo verás.

Todo el mundo durante el confinamiento andaba agobiado. Obligados a salir de nuestra zona de confort, como era para mis hijas mayores ir a clase, tratábamos de adaptarnos cada día a lo que iba surgiendo. Nos sentíamos inseguros sin nuestros anclajes. No sabíamos si estábamos haciendo lo correcto o no. Tomábamos decisiones de las que desconocíamos el impacto futuro. Perdidos, errantes. Así andábamos. Desorientados respecto al futuro y también al presente. Desorientados respecto a cualquier decisión que tomábamos. El estado de ánimo se balanceaba entre la euforia y la tristeza. Todos nos esforzamos muchísimo durante la pandemia, pero no siempre recogimos lo que sembramos. Y eso también nos hace sentir mal. Y tratarnos mal.

Cuando nos sentimos bloqueados, cuando las cosas no salen como nos gustaría, cuando andamos desorientados, no siempre somos lo amables y comprensivos que requiere la situación. Que algo no esté bajo nuestro control nos pone nerviosos, y los nervios nos vuelven más irascibles, con los demás y con nosotros mismos.

Y a pesar de que de forma reiterada las investigaciones en el campo de la psicología del aprendizaje arrojan datos sobre la importancia de ser compasivos para aprender con sentido, seguimos repitiendo modelos equivocados basados en la autocrítica y el castigo. Todavía no hemos aprendido que los dos mayores enemigos de la compasión son la exigencia y el perfeccionismo.

Nos hemos educado en la cultura del esfuerzo y la exigencia. E, indudablemente, el esfuerzo es necesario en la vida, pero todo tiene su medida. Son muchas las personas que creen que más es mejor. Porque eso es lo que se les inculcó de pequeños. Si traían una buena nota, un comentario típico en casa era: «Y eso que no has hecho nada; si te pusieras a estudiar de verdad, sacarías sobresalientes». Si disfrutaban jugando el partido de fútbol del fin de semana, su padre añadía: «Si fueras un poco más egoísta en el juego, marcaríamos más goles». Hicieran lo que hiciesen, nunca era suficiente. Y eso tanto en casa como en el trabajo, porque el trabajo también puede ser una fuente increíble de presión. Modelos estadounidenses de presión, de competitividad.

A esta casuística hay que añadir que solemos estar más pendientes de lo que tenemos que corregir que de lo que ya hacemos bien. Otra filosofía heredada de nuestro sistema educativo familiar y escolar. Hemos escuchado muchos consejos, correcciones, castigos, pero pocos reconocimientos. Porque otra creencia equivocada ha sido pensar que el elogio debilita.

En este capítulo trataremos de entender cómo ayuda la cultura del esfuerzo, la inutilidad de la exigencia como variable motivadora y la importancia de ser amables con nosotros mismos.

Cualquier filosofía basada en la cultura del esfuerzo tiene sus ventajas y sus desventajas. Es impensable que una sociedad o persona avancen sin que medie el esfuerzo. La cultura del esfuerzo se nutre de ingredientes básicos como son la tenacidad, el compromiso y la disciplina, y si los aliñas con pasión y vocación habrás puesto la guinda. Quien algo quiere, algo le cuesta..., aunque no siempre hay una relación directa.

Existen otros factores que a veces boicotean el esfuerzo invertido. No hago más que oír que estamos educando a una generación que lo tiene todo cuando quiere y sin que le suponga ningún esfuerzo. No termino de compartir esta afirmación; los niños y adolescentes de hoy en día están estresadísimos con tanta actividad extraescolar a la que los sometemos. Pero a la vez sí que hay un exceso de protección, como son los chats de WhatsApp de madres y padres en los que se da solución a todos los problemas de los hijos. Les organizan las fiestas para recaudar fondos para el viaje de estudios, les venden las papeletas de Navidad (ya no llaman de puerta en puerta para ofrecérselas a los vecinos), comparten los deberes para que el niño no sufra la regañina de la maestra al día siguiente... En definitiva, les apartan las piedras del camino, se lo allanan, evitándoles así esfuerzo y emociones, como la frustración, tan necesaria para afrontar la vida real, no la que se vive en casa.

La vida es una fuente de oportunidades. Oportunidades expuestas en un escaparate para nosotros. Hay personas que tienen la capacidad de verlas y transformarlas en realidad, pero nadie consigue hacer realidad su sueño contando solo con la buena suerte.

Desde pequeños tenemos que educarnos en la cultura de la disciplina y el esfuerzo. Si estableces en casa unas reglas que no se asemejan a las reglas de la vida, ni tus hijos ni tú aprenderéis a jugar con esas mismas reglas. Si permites, para ti y para tus hijos, una vida en la que todo es fácil, en la que todo se compra, en la que no se ordena, no se recoge, no se limpia, o en la que cada uno actúa cuando le apetece, en el momento en que necesitéis tirar de esfuerzo para tener una nota media..., no sabréis cómo hacerlo.

Muchos programas de televisión transmiten valores de «vidas fáciles»: gente que consigue tener dinero sin trabajar o enriquecerse a base de hablar mal de otros y criticar la vida del vecino. Cuando los padres ven estos programas, a veces, sin darse cuenta, hacen comentarios que relacionan la vida fácil con ser listo, y transmiten esa idea a sus hijos. Cada vez que sentamos un precedente o hacemos un juicio de valor delante de los niños, ellos lo convierten en una costumbre y en una ley universal.

Niños y adultos tienen que ver clara la relación entre determinados valores, como compromiso, implicación, perseverancia, esfuerzo y trabajo, y alcanzar el objetivo. El esfuerzo y la responsabilidad no se compran en los grandes almacenes. Queremos cambiar nuestros hábitos de vida, trabajar más concentrados, tener tiempo para nosotros, para la familia, para los amigos, leer, meditar, salir a pasear por la naturaleza, aprender a cocinar de forma saludable y mil historias más. Y cuando no somos capaces de tirar con todo, nos tratamos mal. Pasamos de esforzarnos de más a abandonarlo todo.

La letra con sangre no entra, y la falta de argumentos nos deja sin credibilidad. Para educar a los tuyos y entrenarte a ti en el esfuerzo, incluye en tu receta altas dosis de humor, disfruta con lo que enseñas y lo que aprendes, ten mucha paciencia, un ritmo lento y pausado (los niños se ponen nerviosos y se desesperan con nuestras prisas y nuestro tono de «me estoy cansando»), y trivializa cuando de verdad puedas.

Acostumbraos en casa a conseguir metas basadas en la dedicación, atención y concentración. Y si tú y los tuyos deseáis interiorizar el valor del esfuerzo, os animo a seguir estos consejos.

Asigna a cada uno las tareas y responsabilidades en función de su edad y sus capacidades. Es difícil que una persona se motive con algo que le cuesta mucho, abandonará a la primera porque se sentirá frustrado. Las metas tienen que ser motivantes, ambiciosas pero asequibles. La edad y la propia madurez de la persona en cuestión te van marcando lo que puedes exigir a cada uno. También los niños pequeños se pueden entrenar en el esfuerzo y la responsabilidad. A los niños de dos años puedes ayudarlos a recoger sus juguetes y guiar su mano para llevar la ropa al cesto de la ropa sucia...

Todos en casa tienen que participar, en función de la edad. Hace falta la colaboración de todos los miembros del equipo para que haya sinergia en el grupo. Una familia en la que los padres tiran de todo, sobreprotegen y hacen todas las tareas domésticas porque sus hijos protestan al levantarse de ver la tele, es un hogar sin equilibrio. Hay equilibrio cuando todos comparten deberes y derechos.

Pon fecha y hora a cada actividad. En medio de la crisis de la COVID tuvimos que reorganizar nuestras agendas. Estábamos perdidos. Los horarios y las rutinas cambiaron. Tuvimos que esforzarnos mucho para ordenar nuestra vida. Y lo hicimos poniendo horarios, actividades, delegando y asignando a cada uno su cometido en casa. No se hace la cama a las siete de la tarde, se hace cuando encaja con la organización de la casa. Tus hijos no tienen los mismos valores y límites que tú. Por ello debes educarlos. Decide tus innegociables y no sientes precedentes. De esta forma evitarás discusiones que se enquistarán si un día permites unas cosas y otro no. Hay fechas y horarios que se pueden negociar, pero otros no, sobre todo los que afectan al funcionamiento de la familia y los espacios comunes. Si permites que hoy no recojan el material deportivo o que ganduleen con la tele en lugar de hacer los deberes, mañana tampoco querrán hacerlo.

Ojo con lo que verbalizas en casa. No digas cosas del tipo: «Ese es un listo, sin hacer nada lo tiene todo», o como: «Si es que hay alguno que ha nacido con suerte, tiene talento y con eso le vale». Con comentarios así estarás influyendo en la relación entre recompensas y premios / trabajo y esfuerzo.

Es mejor dedicar tiempo a reconocer por qué han alcanzado el éxito determinadas personas. Desde gente corriente hasta personajes públicos. Trata en estas charlas de exponer toda la verdad. Porque no solo es el esfuerzo el que media para lograr proezas. Hay familias con más recursos, con más ventajas, a las que también conviene nombrar. Así, ni tú ni tus hijos creeréis en el sueño americano como la salvación a todo.

Valora el esfuerzo por encima del premio logrado. Cuando nos esforzamos, no siempre obtenemos un premio, pero la probabilidad de conseguirlo sí aumenta mucho. Trata de ver la relación entre ese logro y la implicación, el esfuerzo y el compromiso.

No premies el resultado, ni el tuyo ni el ajeno, premia sobre todo el tiempo y trabajo invertidos. No siempre que nos esforzamos conseguimos lo deseado, porque los resultados a veces no dependen únicamente de nuestra implicación. Tener solo en cuenta el objetivo final puede generar frustración.

Genera expectativas positivas. ¿Qué esperas de la situación, de ti o de los tuyos? Si saben lo que esperas de ellos, seguramente responderán a las expectativas. Cuando les transmitimos que confiamos en ellos, que sabemos que son capaces, que pregunten lo que necesiten, que se atrevan, que se equivoquen, que salten..., aumentamos su autoestima, su confianza y su seguridad.

Las expectativas positivas también son válidas para ti. Esperar cosas buenas de ti aumenta tu confianza y tu nivel de esfuerzo, porque... ¿para qué te ibas a implicar en algo que no tienes esperanza de conseguir?

Sé un ejemplo para ellos. Nada educa más que el modelo de conducta. «Haz lo que digo, pero no lo que hago» es el fracaso de cualquier valor que transmitas y cualquier esfuerzo que les pidas. Si quieres que tus hijos se impliquen con la casa, trata de que haya un reparto equitativo tanto para el padre como para la madre. Si queréis que el niño se dedique más a los juegos de mesa, a leer y hacer deporte en lugar de estar chateando con el teléfono, dejad también vosotros de hacerlo. Y así con todo.

No los sobreprotejas. Si se caen, que se levanten; si no les sale, que lo vuelvan a intentar; si se frustran, que lloren y avancen. El dolor, la frustración y la pena son emociones con las que tienen que aprender a convivir. Se sentirán muy orgullosos de sus logros y trabajos si dejas que se equivoquen y lo vuelvan a intentar. Si tratas de hacer los deberes por ellos o ayudarlos en todo para que acaben rápido, no aprenderán que las cosas no se consiguen a la primera y que alcanzarlas requiere tiempo y dedicación. Piensa que en su futuro trabajo no tendrán a nadie detrás haciéndoles los resúmenes o los trabajos del colegio.

Mucho hemos hablado de la educación de los hijos, pero los adultos, que solemos ir estresadísimos, rapidísimo y con muchas cosas a la vez, cuando necesitamos tirar de un poquito de esfuerzo para cambiar, por ejemplo, hábitos que nos perjudican, nos cuesta, no lo encontramos. Durante la pandemia todos hemos hecho un esfuerzo enorme por adaptarnos a tanto cambio, y eso nos ha pasado factura. Porque cuando fuerzas la máquina, terminas resintiéndote. Estás agotado mental y físicamente. Te ves sin ideas creativas, con mal carácter, desmotivado. Si en ese instante tratas de seguir tirando de esfuerzo, cuerpo y mente pueden bloquearse. Es el momento de ser compasivos, aceptar nuestro estado de ánimo y nuestra flaqueza, y darnos descanso desde la amabilidad y el amor hacia nosotros mismos.

¿Y qué pasa con la exigencia? Necesitamos un mínimo de exigencia. Pero un mínimo. Cuando te pasas de rosca, nunca terminas por estar satisfecho contigo mismo.

Y hasta aquí el lado positivo del esfuerzo. Porque la cultura del esfuerzo tiene su parte de trampa. Lleva implícita una relación equivocada con el éxito. Los gurús de la motivación no hacen más que predicar que si en esta vida te esfuerzas, recoges el éxito. Predican alguna otra idea descabellada más, como que no tenemos techo ni límites y que los límites los marca nuestra actitud. A bote pronto suena motivador, pero no hay nada más frustrante que este tipo de afirmaciones. Porque esta forma simplista de ver la actitud y el esfuerzo pasa por alto muchas circunstancias no controlables de nuestro entorno que también influyen en el éxito o en la capacidad de esforzarnos. Hablo de la suerte, de los neurotransmisores, de la salud, del apoyo social, de la situación socioeconómica de cada uno... No es lo mismo esforzarse estudiando en Harvard que esforzarse estudiando en un piso de sesenta metros cuadrados compartido por varios miembros de la familia, con ruidos, calor, frío, etc.

Predicar la cultura del esfuerzo como vía garantizada para el éxito es discriminatorio. Por ejemplo, durante la crisis de la COVID, todos los estudiantes, desde la primaria hasta la universidad, estaban confinados, tenían clases, tareas, tutorías y exámenes virtuales. Por mucho que todos se esforzaran, ¿de verdad piensas que aquellos que disponían de un ordenador portátil individual en su habitación, con intimidad e internet vía fibra óptica, tenían las mismas dificultades, a pesar de invertir el mismo esfuerzo, que aquellos que comparten un ordenador con el resto de la familia, que está ubicado en una habitación común, como es el salón, y quizá sin acceso a internet? No. Diferencias han existido y seguirán existiendo, por desgracia, toda la vida, y estas diferencias condicionan nuestra capacidad de reacción durante y después de una crisis, por muy grande e intenso que sea el esfuerzo. Sin esfuerzo no salimos del bache, ni cambiamos comportamientos, ni nos superamos, está claro, pero no solo podemos apelar a la cultura del esfuerzo. Con ello conseguimos que personas desfavorecidas se sientan incomprendidas, frustradas y desamparadas.

Otro lastre del esfuerzo es que está relacionado con la actitud, y esta, con el estado de ánimo. Y en este tema tampoco partimos todos con las mismas ventajas. La biología de cada uno nos hace diferentes, desde el color de ojos, la orientación sexual, la capacidad creativa, la vulnerabilidad al colesterol, hasta otros cientos de diferencias, pero también por cómo está configurado el cerebro, las funciones cognitivas y los neurotransmisores. No todos tienen a diario una química cerebral que los ayude a ser optimistas, alegres, esperanzados, capaces, seguros. ¿Cuántas personas hay en España que consumen ansiolíticos y antidepresivos? Millones. Y la actitud, tan estrechamente relacionada con la capacidad para esforzarnos, está también estrechamente relacionada con el estado de ánimo. Si no has sufrido nunca una depresión, un estado de apatía o de ansiedad, es muy posible que no entiendas lo que te digo, pensarás que los que no se esfuerzan es porque son vagos o no tienen una actitud positiva. Todos querríamos ser capaces de sentirnos seguros, alegres y con vitalidad para poner lo mejor de nosotros y comprometernos con los cambios. Pero la química resta o suma. Se puede modificar con medicación y con psicoterapia, por supuesto, pero ya no partimos con la misma ventaja.

Muchas personas en redes sociales dicen sentirse culpables, sentirse inferiores, no estar a la altura de quienes en internet —individuos con capacidades distintas, que estudian, que hacen deporte, que tienen una vida feliz— marcan grandes hitos basados en la superación personal. Y esas personas, incapaces de levantarse del sillón de su casa, los ven como héroes. La maldita comparación las envenena, las lleva a infravalorarse y las desgasta hasta finiquitar su autoestima y seguridad. Y todo porque no son capaces, no es que no quieran, sino que no son capaces de ser tan grandes, tan altas, tan fuertes, tan maravillosas como las que ven en los medios de comunicación, llámese redes sociales, internet, YouTube o televisión.

Así que dejar todo el éxito en manos de la actitud y el esfuerzo es una faena para muchos. Cuando lo hacemos, olvidamos el peso de la genética, el peso de las circunstancias que nos rodean, el peso —y para muchos el lastre— de la educación recibida, y de muchos otros factores que también intervienen. No todo es actitud. Incluso la suerte, la buena y la mala, juega sus bazas.

¿Podemos cambiar cosas de nuestro alrededor para tener más actitud y que esto nos ayude a salir de los baches? Por supuesto, pero no todo ni a la velocidad que nos gustaría. No nos engañemos. ¿De qué nos podemos responsabilizar? En primer lugar, de lo que depende de nosotros. Podemos elegir sobre nuestros hábitos de vida saludables, el tipo de alimentación que queremos consumir, el tipo de actividades que deseamos realizar, la formación que recibimos, las personas con las que nos relacionamos, los compromisos y síes que damos o los valores con los que vivimos y guiamos nuestra vida. Lo hemos hecho durante el confinamiento. Es justo lo que más pudimos controlar estando en casa. Podemos elegir muchas más cosas. Pero no siempre podemos realizar todo cuando lo deseamos. Una reunión inesperada en el trabajo, el tráfico que impide que llegues a tiempo al supermercado y tener hoy ingredientes para hacerte una ensalada, tu amigo que no tiene ganas de salir a correr... Puedes controlar lo controlable con un grado de flexibilidad. La flexibilidad es importante. Nos permite adaptarnos a los cambios sin enfadarnos.

Podemos decidir tener un orden, una rutina, una filosofía de vida que rija la manera que queremos relacionarnos con nosotros y con nuestra vida, que nos facilite la vida, no que nos exija.

Podemos decidir perdonarnos por no ser perfectos, incluso por ni siquiera intentar serlo.

No puedes cambiar lo que otros deciden respecto a temas que te afectan. Puedes negociar, hablar, mediar, argumentar, pero no siempre podrás, por mucha actitud que tengas, salirte con la tuya. Y eso no significa que no hayas sido lo suficientemente convincente. Es que los demás también tienen derecho a elegir qué comer, a qué dedicar su tiempo de ocio, qué comprar, cuándo salir, entrar, verte o no verte, qué pensar o cómo comportarse. Si te obcecas en que seguir insistiendo llevará al otro a tu terreno, es posible que lo satures y termines quemando la relación.

No puedes controlar siempre tu nivel de energía y fuerza para realizar todo lo que deseas. A veces estás más flojo, más desmotivado, más vacío, más triste o simplemente sin ganas. No fuerces la máquina. No todo es actitud. El respeto hacia nuestro estado emocional forma parte del autoconocimiento. No son excusas, es darte un respiro y permitirte no hacer nada cuando tu mente o tu cuerpo lo necesiten. A veces el nivel de exigencia contigo mismo para llevar todo para adelante y ser perfecto es tan alto, que impide que escuches las señales de tu cuerpo. Te dicen que necesitas un respiro. No las malinterpretes, no eres vago ni perezoso. Eres humano.

Y, por supuesto, deja de atender los mensajes hiperpositivos e hiperoptimistas que ni siquiera ofrecen herramientas para hacer tantos cambios como exigen en sus frases y solo consiguen que te sientas culpable por no tener esa actitud las veinticuatro horas del día. No eres una farmacia de guardia, eres una persona.

Otro punto negativo del esfuerzo está relacionado con forzar y presionar. Y es algo que puede alcanzar extremos dramáticos. El 31 de julio de 2018 leíamos la triste noticia de que la esquiadora de snowboard Ellie Soutter se había suicidado con dieciocho años. Su padre, en sus declaraciones, apuntó a las presiones sufridas por el deporte de alta competición como causa de su muerte. El deporte de alto rendimiento es una de las profesiones más exigentes. No puedes dejar nada al azar porque tu corta carrera profesional depende de una medalla o de un pódium. Te educas con la idea equivocada de que no puedes fallar, de que es ahora o nunca. Y ese fue el final literal de Ellie Soutter, nunca. Porque quitarte la vida no es más que el resultado de unos pensamientos que te están diciendo que has fallado, que no eres nada, que los demás esperaban mucho de ti y que no has estado a la altura; y de no tener recursos psicológicos para gestionar el fracaso y la presión. Sí, es un relato extremo; la inmensa mayoría de las personas no se quitan la vida cuando se sienten presionadas. Pero sí es cierto que los medios de comunicación trasladan modelos exitosos de personajes públicos, deportistas, que, gracias a la presión que se meten, consiguen tener una vida de medallas, pódiums y éxitos. El esfuerzo, la disciplina, la presión a la que se ven sometidos desde pequeños los transforma en superhombres y supermujeres capaces de esos logros, a pesar del cansancio, del dolor, de las renuncias.

Y el común de los mortales aprendemos a adorarlos, a imitarlos, a querer tener esas virtudes y valores. Queremos esforzarnos más para tener éxito, reconocimiento y poder en la vida, como lo tienen esos ídolos. Y aprendemos que cuando no lo hacemos somos lo peor. A veces no deseamos esforzarnos, y no porque seamos vagos o no tengamos disciplina, sino porque el cuerpo y la mente están agotados, necesitamos descanso, o simplemente disfrutar. Y los que se han educado en esta cultura del esfuerzo, llegados a este punto, en el momento en que el cuerpo y la mente desean descansar, no lo aceptan y empiezan a tratarse con dureza.

Escucha las señales de tu cuerpo. Tu cuerpo y tu mente son sabios. Y cuando te dicen que no pueden, que están cansados, que no les apetece, es por algo. Si no los escuchas, tenderás a forzar, y todo lo que fuerzas termina por pasarte factura en forma de enfermedad, de irascibilidad, de precipitaciones y errores.

¿Y cómo solemos reaccionar cuando no somos capaces de dar lo que por lo visto deberíamos estar dando? A través de la culpa y el castigo; dos enemigos de la capacidad de reacción y de la resiliencia. Forma parte de la educación en la que hemos crecido. Cuando cometemos errores, y uno muy grave para nosotros es la falta de actitud, de compromiso, de esfuerzo, solemos recriminarnos y tratarnos mal. Pensamos que así aprenderemos para futuras ocasiones. Pensamos que el sufrimiento inspira y genera un aprendizaje. Pero la neurociencia está cansada de demostrarnos a través de estudios con rigor científico que eso no es verdad. El sufrimiento genera dolor, genera rechazo y miedo, pero no un aprendizaje motivador y significativo. El sufrimiento no inspira, aleja. El sufrimiento que nos provocamos cuando nos tratamos mal no nos motiva, nos debilita y nos provoca inseguridad. Y, sobre todo, rechazo. Porque con cada intento fallido nos fustigamos. Y la mente termina aprendiendo que es mejor no intentar nada y acertar, que atrevernos, fallar y sentirnos desgraciados.

Nadie se siente motivado, involucrado, con ánimo de seguir, inspirado, cuando recibe un rapapolvo, ya venga de su entorno o de uno mismo. Entonces, si esta fórmula basada en presionarnos no funciona, ¿qué? Entonces autocompasión; esa es la clave para reconstruirnos, para seguir adelante, para reinventarnos después de una crisis o de un fracaso.

Ser autocompasivo es tratar de aliviar el sufrimiento propio a través de la amabilidad y la comprensión frente a nuestros errores y fracasos, hayan provocado una crisis o no. Varios estudios demuestran que la autocompasión nos ayuda a seguir motivados. Cuando nuestros seres queridos se equivocan, tratamos de animarlos con palabras de cariño y respeto, buscamos que se sientan bien para que así su motivación y las ganas de seguir adelante mejoren. Pero cuando fallamos nosotros, solemos ser tremendamente duros con nosotros mismos. Nos criticamos, nos juzgamos y nos comparamos, y lo hacemos sin piedad, sin respeto, sin amabilidad. Y entonces nos sentimos menospreciados y pequeños y nuestra autoestima se debilita. Nada de esto ayuda. Porque nos sentimos mal. Y, recuerda, la idea es que consigas sentirte positivo, fuerte y capaz para poder seguir adelante después de atravesar un bache.

¿Qué nos ayuda a ser más compasivos?

Imítate a ti mismo. Sí. Igual no eres compasivo contigo, pero seguro que lo eres con personas a las que aprecias. Pues lo mismo que les sirve a ellos, te sirve a ti. Yo tengo un lema: «En esta casa no se habla mal de nadie, mucho menos de uno mismo».

Cambia creencias. ¿Dónde está escrito que tratarte con dureza incrementa el éxito en el afrontamiento del próximo reto? ¿Evitará el error, la crisis, el fracaso? No. Porque en la vida no todo depende de nosotros y, aunque fuera así, cada circunstancia vivida es distinta a la anterior. Deberíamos flexibilizar nuestras creencias. Sería genial poner de nuestra parte todo lo que fuera posible, sería genial acertar, involucrarse, pero si en algún momento eso nos resulta inalcanzable, pues tampoco pasa nada. Aunque queramos, no siempre podemos.

No seas tan duro contigo mismo. Ser duro contigo mismo no te hará mejor persona; te hará más sufridor, pero no más responsable, ni más comprometido, ni tendrás valores más bonitos.

Medita y practica la atención plena. Meditar es un ejercicio que no solo mejora la concentración y la atención y nos enseña a vivir en el ahora; meditar tiene muchísimos más beneficios. Entre ellos, nos permite enlentecer, conocer nuestro cuerpo y nuestra mente, aprender a relativizar, regular nuestras emociones y ser más comprensivos y amables con nosotros mismos.

Agradece. Sé agradecido con el regalo de la vida. Agradecer te ayuda a centrarte en lo que realmente es importante, en los detalles de la vida. Ser agradecido facilita ser más compasivo contigo y con los demás. Cuando dedicas tiempo durante el día a dar las gracias, pierdes de vista un poco la dureza y la exigencia porque pones el foco en la parte más optimista de la vida, en todo lo que te genera bienestar.

Cuida tu cuerpo y tu mente. Una manera de ser autocompasivo es el autocuidado. Dales comodidad, salud y amor a tu cuerpo y tu mente. Esto incluye cuidar tu descanso, tu alimentación, tu estado de ánimo, tu físico y las señales que recibas.

Salir de una crisis requiere esfuerzo, disciplina, valentía, tenacidad, pero siempre bañados en compasión. Necesitamos todos los ingredientes. No se trata de que abras los ojos o de que alguien te los abra, se trata de abrir el corazón. Solemos conocer la parte racional, pero solo con dureza y racionalidad no conseguirás avanzar. Lo que más te ayudará a avanzar es sentirte protegido y querido, también por ti mismo.

Diario de a bordo para vencer la adversidad y superar todas las crisis

La cultura del esfuerzo es importante. Te ayuda a comprometerte, a planear y a dirigirte hacia tus objetivos.

No creas ideas que predican que para tener éxito basta con esforzarse. No existe una relación directa entre esfuerzo y éxito.

Compararte con los demás te debilita. Todos somos distintos. Las comparaciones nos empujan a pretender estar a la altura de otros, y eso es muy difícil de alcanzar.

Puedes responsabilizarte de lo que depende de ti, puedes decidir parte de tus rutinas y hábitos y decidir perdonarte por no ser perfecto.

Meterte presión genera ansiedad, pero no incrementa tu nivel de responsabilidad.

Escucha las señales de tu cuerpo. Cuando está fatigado, mental o psicológicamente, te ves sin actitud y sin capacidad de esfuerzo. Dale el descanso que necesita.

Practica la autocompasión como clave para seguir avanzando en la vida desde el respeto y la amabilidad hacia ti mismo.

7

No te falta talento, te falta confianza

—¿Y yo qué hago ahora? ¡He montado toda mi actividad con público presencial!

—Muchas personas llevan pidiéndote desde hace tiempo que des charlas y talleres online.

—¡Sí, ya, pero no tengo la infraestructura, no lo he hecho nunca, a mí me gusta el contacto con la gente, el *feedback*, las bromas en el cara a cara! Todo esto me genera inseguridad.

—Patri, luego tú te acostumbras a todo.

—Voy a hablar con Antonio, porque los talleres online y ampliar la consulta online, urge.

Cuando hablo con Antonio, el informático de mi equipo, las aguas se calman, las emociones se apaciguan y la vida encuentra soluciones. Esa es mi sensación cuando le comento el proyecto y él enseguida encuentra ideas y vías para darle forma. Hacía tiempo que teníamos en mente los talleres online, pero otras actividades de la consulta y de mi tienda online habían tomado carácter prioritario.

Ahora no lo eran. Lo eran los talleres.

Para mí es importante contar con un equipo de trabajo que, cuando yo pierda la seguridad, ellos la mantengan. Claro, zapatero a tus zapatos. Lo de los talleres online, tal cual los quería plantear yo, me parecía complicadísimo, pero para Antonio no lo era. Delegar ha sido lo mejor que he aprendido en la vida. Delegar a la persona correcta lo que sabe hacer bien y además disfruta haciendo bien. Y una vez que delego, mi cabeza se despeja, confía y espera a que llegue el momento. Con *flow*. Porque por mucho que urjan las cosas, cada cosa necesita su tiempo, y a mí eso me encanta respetarlo.

Y así fue. Y nos fue bien; mejor dicho, genial. Me tambaleé, dudé y enseguida volví a confiar cuando los demás me dijeron que podía hacerlo.

En casa no era la única que se sentía insegura; así estaba casi toda la familia. Mi marido con sus entrenamientos y el curso que iba a tomar la liga de fútbol, mis hijas con los exámenes en la universidad y las clases virtuales..., se veían incapaces de resolver dudas. Y los pequeños... ¡esos estaban más felices! Se levantaban más tarde, seguían las tutorías, pero más tranquilos.

También me generaba inseguridad el cambio en la manera de comunicarme. Las entrevistas y los espacios en televisión se efectuaban a través de Skype..., y los que trabajamos con internet sabemos que es más fácil que caiga la wifi que que todo salga bien. Así que antes de cada webinar y de cada entrevista había ese estrés previo de: «¿Aguantará internet?». De hecho, tuvimos que llamar a averías de Movistar porque hasta ese momento no nos habíamos dado cuenta de que nuestra fibra óptica debía de ser del Pleistoceno y por eso se caía tanto. La repusieron y actualizaron enseguida, y con eso perdí el miedo a la caída de la wifi y a que los que se estaban apuntando a los talleres se quedaran colgados por problemas de conexión.

Ahora me siento segura con los talleres online, con las entrevistas vía Zoom o Skype, con los talleres multitudinarios y en el momento de contestar a tantas preguntas sin miedo a que la red me deje colgada. La crisis trajo una oportunidad distinta de trabajo que no hubiera experimentado de no haberme visto obligada a ello.

Si hay un elemento que impide resolver problemas y salir de las crisis es la falta de confianza. Porque por mucho talento, habilidad, capacidad que tengas, si no crees en ello es como si no existiera. Los seres humanos necesitamos confiar en nosotros mismos. Sin confianza no darás un paso adelante a pesar de que tengas la capacidad de dar una zancada. Y cuando no confías en ti, es maravilloso tener a alguien en el entorno que sí lo haga y te recuerde que tienes que seguir confiando.

Una crisis, del tipo que sea, te deja tocado. Porque una crisis implica problemas personales, sociales, laborales, económicos, a veces a nivel legal..., problemas en general. Implica también pérdida de anclajes, de rutinas, de comodidades, de seguridad, pérdida de personas, de estatus, de empleo, de confianza en otras personas, y la pérdida de uno mismo. Una crisis también representa el fracaso. Se acompaña de emociones incómodas como el miedo, la inseguridad, la frustración, la soledad. Una crisis te lleva a compararte con los demás, a la sensación de injusticia cuando la han provocado terceras personas o circunstancias ajenas a nosotros.

Cuando vives una crisis intensa, desestabilizante, te invade la desolación y la soledad. Crees que los demás deben de pensar que eres idiota, que cómo te han podido engañar, que cómo has sido tan inocentón, que a otra persona más lista no le hubiera ocurrido, que has sido poco cuidadoso, que la mala suerte te acompaña... Si paseas por la calle y te paras a saludar a alguien, te parece que te miran con lástima, como si te tuvieran pena. E intuyes que pensarán: «Menos mal que no estoy en tu situación...». Dicen que de un bache o de una crisis sales fortalecido, pero eso solo lo ves una vez que la has superado y aceptado. Durante el proceso es difícil ser consciente de cómo te va fortaleciendo. Perder a un ser querido, quedarte sin trabajo, sufrir un engaño son momentos de desolación y de inseguridad, no de fortalecimiento. Dudas de todo, de los demás, de la vida, de ti. Sacar tus recursos es complicadísimo porque no sabes ni dónde los tienes. Aunque no seas el responsable de tu crisis, como puede ser haber perdido el empleo durante la pandemia, la sensación de fracaso es inevitable; es la pérdida de un proyecto de vida. Y tendemos a culpabilizarnos aunque no tengamos culpa. La crisis nos debilita porque nos pone desnudos delante de la vida. Es una cura de humildad cuando no necesitabas esa cura. Creías que lo tenías todo, te veías posicionado, con pareja, con amigos, sintiendo que la vida te sonreía, y de golpe esta te dice que de eso nada, que la vida son picos y valles. Y entonces dudas de todo lo que te daba seguridad.

Durante la crisis del ladrillo que vivimos en España recibí en la consulta a mucha gente que había perdido el empleo. Lo más triste no era ver cómo cambiaba su situación laboral y económica, sino cómo, a pesar de no tener responsabilidad en esa pérdida de empleo, se sentían perdidas y perdedoras. Padres y madres de familia humillados, sin trabajo, sin autoestima, sin motivación. Personas que antes se sentían vitales y que por un despido lo perdían todo, hasta la dignidad. Y este deterioro de la imagen personal y profesional siempre se acompaña de dolor, daño, apatía en pareja, con los hijos y con las aficiones, desconexión con lo que antes era su vida cotidiana. Personas que dejaban de cuidarse, de quererse, de disfrutar porque interpretaban que no lo merecían. Esto es en lo que te convierte una crisis: en un despojo de persona. Y para salir de ella necesitas recuperar tu seguridad y tu confianza.

Una de las historias más críticas que recuerdo fue la de Carlos. Había perdido su trabajo de director de marketing en la empresa en la que llevaba doce años trabajando. El despido le cogió por sorpresa. Se encerró en casa y no reaccionaba. Su mujer trataba de animarlo, le proponía que hicieran un viaje de fin de semana. No tenían hijos y llevaban veinte años casados. Ella era funcionaria y seguía trabajando en el juzgado. Salvo el despido, en su vida no había ningún otro factor desestabilizador o estresor. Tenían una buena relación con ambas familias políticas, una casa sin hipoteca, dos coches y compartían aficiones. Pero Carlos empezó a sentirse triste, apático, con sentimientos de «Ya no sirvo para nada. No soy capaz ni de traer dinero a casa». No le apetecía participar en ningún plan de ocio a pesar de los esfuerzos de su mujer por complacerlo y animarlo. Empezó a consumir más alcohol y a salir de noche entre semana con un amigo recién separado. Comenzaron las discusiones en casa. Él rechazaba recibir ayuda psicológica. No quería hablar del problema ni con su mujer, ni con los amigos ni con la familia. Terminó conociendo a una tercera persona con la que engañó a su mujer. Y cuando no pudo soportar más la presión de ira, malestar, alcohol, engaños, culpa, le dio un ataque de ansiedad por el que estuvo hospitalizado varios días. Cuando acudió a mi consulta dijo que la pérdida de trabajo, que había sido su norte, su responsabilidad, su guía, su rutina, le había desbaratado completamente la vida y solo encontraba emoción descontrolándose más. Siguió una terapia para la gestión del duelo, la depresión y la ansiedad, y la historia acabó bien, con el perdón y la compasión de su pareja. Si hubiera pedido ayuda antes, todo hubiera sido mucho más sencillo. Carlos había perdido su seguridad, su dignidad, su respeto, su autoestima, su confianza. Se sentía perdido y perdedor.

A pesar de que la seguridad es un bien preciado para sobrevivir y optar a nuestros sueños y proyectos, a nuestro estilo de vida, no es una característica que se suela entrenar y formar desde la infancia. Queremos que nuestros hijos se sientan seguros y confiados, que sean capaces de tomar sus propias decisiones, que sean ellos mismos frente a su tribu, que rechacen lo que no les conviene. Queremos que tengan esa fortaleza, pero no siempre se la trabajamos en casa. Yo diría que a veces incluso se hace lo contrario.

«Mi hijo está muy crecidito —me dijo una vez un paciente—. Se viene arriba con poco que le digas. Sale a jugar el partido y se cree Messi.» Y esto me lo contaba el padre ¡como si fuera algo negativo!

Muchos padres y madres escatiman en reconocimientos a sus hijos por miedo a que se los crean. ¡Ostras! ¡Si eso es justo lo que tienen que conseguir, que sus hijos se lo crean! Lo que sea, pero que se lo crean. Que se vean capaces, valiosos, jugadores, creativos, listos, guapos, buenas personas, generosos, que se lo crean todo. Y antes de que alguien salte como un resorte con un «Pero dejarán de ser humildes», añado el ingrediente clave: para mí la humildad es la capacidad de reconocer tus propios talentos y ponerlos al servicio de los demás desde el absoluto respeto a las diferencias de las otras personas. Si para ser humildes tenemos que pagar el precio de la inseguridad, no vale la pena.

La confianza es clave para asumir y afrontar cualquier reto, como el cambio de trabajo, vivir en otra ciudad, relacionarte cómodamente con otras personas o dejar la relación de pareja que te tiene agobiado. ¿Te has preguntado alguna vez de qué serías capaz si tuvieras más confianza y seguridad en ti mismo? Sentirte fuerte, seguro y confiado es una fortaleza emocional de gran valor. Es la manera de poder desarrollar tu potencial, de comprometerte con tus objetivos y de llevar la vida que deseas.

Por el contrario, la falta de confianza implica dejar de hacer y dejar de ser. Dejar de ser tú por miedo al ridículo, por miedo a equivocarte, por miedo a ser rechazado o a no estar a la altura. Una altura que nadie te pide, pero que sí te exiges tú. Y cuando miras atrás, te sientes culpable por no haber sido valiente, por no haberte comprometido y atrevido a llevar adelante tus sueños. Y es que la valentía y la confianza caminan de la mano. Y si ya te infravalorabas porque una crisis laboral o personal te ha hundido, todavía es más complicado.

Cuando vemos a alguien comportarse con seguridad, nos inspira credibilidad. Interpretamos que sabe lo que quiere, que lo tiene claro. Una persona con seguridad es capaz de disfrutar mucho más de sus encuentros sociales, de su profesión, de su ocio y de sí misma. La confianza y la seguridad nos permiten ser nosotros mismos, sin limitaciones, sin miedos ni vergüenza.

Trata de fantasear con la siguiente idea: «Si yo ahora, en este mismo momento, me creyese una persona segura, ¿qué estaría haciendo?, ¿qué proyectos me estaría planteando?, ¿con qué cambios me estaría comprometiendo?».

La falta de seguridad te limita. Debilita la imagen que tienes de ti mismo. Impide ser la versión de lo que deseas ser. La confianza y la seguridad son importantes en cualquier momento de la vida, así que veamos cómo entrenarla. Son muchas las cosas que puedes hacer para ayudarte a potenciar esta fortaleza emocional tan vital, que te ayuda a ser resiliente y a volver a recuperarte. Sí, a ti mismo.

Para ello...

Deja la exigencia de lado. Si estás inmerso en una crisis o acabas de salir de ella, deja por favor la exigencia de lado. Te exiges tomar decisiones, pero no te ves preparado; te exiges estar bien, pero no te sale de dentro... Si te pones unas expectativas difíciles de cumplir, tu inseguridad irá en aumento. Tendrás la sensación de que no eres capaz de hacer lo que te exiges.

Salir de una crisis es un proceso de duelo; porque siempre hay una pérdida: de empleo, de pareja, de amigos, de estatus, de la ciudad en la que vivías, de sueños... Una pérdida implica aceptación, entender y trabajar sobre tus emociones y, cuando te sientas preparado, empezar a actuar. Pero si te fuerzas a actuar antes de estar preparado, te debilitarás más aún.

«Yo ahora debería estar más pendiente de mis hijas.»

«Debería ayudar a mi mujer más en casa y no me sale.»

«Debería cuidar más mi aspecto físico, no tengo ganas ni de arreglarme cuando estoy en casa, ¡con lo que yo he sido, que siempre iba a trabajar de punta en blanco!»

Estas frases son de un ingeniero al que despidieron en la crisis de 2008. De ser jefe de equipo pasó a sentir que no era nada ni nadie. Su mujer incluso decía que no era el hombre con el que se había casado y con el que había convivido durante diez años. La pérdida de trabajo se había llevado su iniciativa, su fuerza, la protección que emanaba antes. Ella comentaba en consulta que su marido había sido el norte de la relación, el que tomaba las decisiones, el que sacaba la cara en los momentos complicados, y que su inseguridad estaba generando inseguridad en toda la familia, incluso en sus suegros.

Si en esos momentos achacamos el cambio y la inseguridad a que la persona en cuestión ha pasado a ser otra, será más complicado recuperar la seguridad. Pero si pensamos que todas las crisis nos tambalean y nos debilitan, y que esta inseguridad forma parte del proceso, será más sencillo encajarla y recuperar a quiénes éramos.

Tú eres único, deja de compararte. Vivimos en una era en la que estamos expuestos al escaparate de las redes sociales. Y todo nos parece más fuerte, más atlético, más sexy, más ágil, más inteligente que nosotros mismos. Y oye, te digo una cosa, ¡puede que sea así! Pero estar comparándote no hará que tú cambies. Todas las personas somos genéticamente distintas, así que no cabe la comparación. Podemos comparar dos melocotones, pero nunca dos personas.

Compararse nos lleva a buscar diferencias que nos perjudican, a etiquetarnos de manera negativa: «Qué bien les va la vida a los demás, y yo mientras en mi empresa solicitando un ERTE detrás de otro y temiendo no conseguir sacar a mi familia adelante». La vida de los otros parece mejor que la nuestra porque no solemos compararnos con lo que vemos que no nos gusta, sino al contrario. En la vida de todos hay piedras y flores. Te ha tocado atravesar un momento duro, pero no va a ser para siempre.

Incluso nos comparamos en lo más superficial, como es el aspecto físico. Acepta que los demás son maravillosos; no busques excusas que justifiquen la belleza de otros y con las que te sientas bien, como que el Photoshop hace maravillas. Simplemente valora lo que ves sin que suponga un juicio de valor contra ti.

Ten paciencia, se sale de casi todo. No desconfíes de ti por haber sufrido una crisis o por no salir de ella todo lo rápido que querrías. Tú no eres tu crisis. Tú no eres tu fracaso. Tú eres una persona maravillosa que intenta salir de una situación complicada de la mejor manera posible. No es una cuestión de capacidad; más bien suele ser un problema de entrenamiento, de paciencia, de gestión de emociones. Necesitas tener paciencia y saber esperar tu momento. A veces tratas de forzar lo que luego se ordena solo. De hecho, para salir de algunas crisis no necesitas soluciones, solo necesitas tiempo. Y la aceptación y el tiempo requieren mucha paciencia.

Analiza tus errores con objetividad. Algunas crisis vienen provocadas por errores personales, que se veían venir o que nos pillan por sorpresa; desde un despiste conduciendo hasta una mala decisión empresarial. Los errores o los fracasos suelen tener consecuencias para uno mismo y para el entorno. Nos cuesta muchísimo asumirlos. Tendemos a relacionarlos con lo que esos errores dicen de nosotros como personas. No hemos aprendido que el error es parte del proceso, de la vida. Pensamos que lo correcto es la ausencia de errores y sobre esa falacia montamos la definición de éxito. Y de repente nos damos de bruces. Porque resulta que el error está implícito en la vida, también en una vida de éxitos, y hasta que no asumamos eso, nos sentiremos inútiles, inseguros o torpes cada vez que cometamos uno.

Los errores son una forma de aprender. Tenemos que tratar de comprender qué ha pasado, reparar el daño si es posible, analizar otros puntos de vista, otros prismas y buscar nuevos caminos que nos lleven a otros resultados. Y en muchas ocasiones solo habrá que aceptar, sin más.

Las personas seguras entienden que los errores no las definen; se responsabilizan de ellos, no les importa asumir que se han equivocado —¿acaso el error no es parte de uno y de sus intentos?—, se siguen percibiendo válidas, capaces y maravillosas a pesar de sus errores. Por eso suelen actuar también con más valentía, porque no temen al fallo.

En el momento en que asumimos la parte de responsabilidad de una crisis, dejamos de justificarnos y podemos buscar la manera de reparar lo que sea reparable. Pero hasta que no asumamos nuestra parte, seguiremos en el limbo buscando la causa en el lugar equivocado.

¿Qué se te da bien? ¿En qué eres bueno? Es importante que sepas dónde está tu talento, tus recursos, tus habilidades, tus virtudes. Todos tenemos áreas de mejora a las que les dedicamos análisis y entrenamiento. Y esto es genial porque nos permite crecer. Pero si no tomamos conciencia de qué tenemos bueno, para qué tenemos talento, empezaremos a no dar valor a aquello que sí lo tiene. Aunque te parezca que ese talento es algo que te sale de forma fácil, tienes que darle valor.

Relaciona tus éxitos con variables internas. ¿Has oído alguna vez el término «locus de control interno o externo»? Es el lugar al que atribuimos nuestros éxitos o nuestros fracasos. Una persona segura tiende a interpretar sus logros en términos internos, es decir, busca de qué manera ella los ha favorecido o los ha provocado. Por el contrario, las personas con baja autoestima o inseguras suelen pensar que lo bueno que les ocurre es por la ayuda de otros o por la buena suerte, pero los fracasos o lo negativo están provocados por ellas.

Asumir nuestros errores y saber en qué medida dependen de nosotros es el primer paso para poder corregirlos. Pero delegar nuestros éxitos en la fortuna o en otros nos debilita y nos impide volver a repetirlos. Tenemos que estar muy atentos cuando consigamos cosas importantes, ya sea en el tema personal o en el profesional. ¿En qué medida ha dependido de mí? ¿Qué hice? ¿Qué valores, talento, capacidades utilicé para conseguirlo? Hay muchas habilidades o virtudes que nos salen sin esfuerzo, de forma natural, y tendemos a no darles valor. Pero lo que nosotros vemos como una habilidad sencilla a otra persona puede costarle un mundo.

Incluso yo, que me considero ahora, a mis cincuenta años, una persona segura, tiendo a sorprenderme cuando mis seguidores me escriben en redes «Qué fácil lo dices, Patri, qué clarito hablas, da gusto escucharte o leerte». Lo agradezco mucho, pero me parece tan normal expresarme así, me sale de una manera tan natural, que no tiendo a darle valor. Y, por lo tanto, me sorprende que tenga valor para otras personas. Como me sale fácil, le quito valor. Pero sé que lo tiene porque me lo reconocéis. Así que mil gracias a todos.

Ten más en cuenta tus historias de éxitos que tus historias de fracasos. Todos en esta vida hemos tenido éxitos y fracasos; algunos más que otros. En gran parte, los éxitos y los fracasos están relacionados con nuestra seguridad, pero también con la manera como definimos estos dos términos tan abstractos y subjetivos. Para unos el éxito puede ser el resultado final de un proyecto, para otros, simplemente, comprometerse con el proyecto, empezar, aprender del camino. O para los que atraviesan una crisis con pérdidas importantes, volver a normalizar su vida. De hecho, no sabemos qué es el éxito hasta que perdemos lo esencial y básico de la vida.

Si cuentas tus éxitos solo en función de los resultados obtenidos, seguro que en tu historia de logros habrá muchos menos que en la de aquellas personas que valoran los procesos, es decir, las que valoran la valentía de empezar, aunque no lleguen a término. Estas personas aprenden de todo lo que hacen, por eso para ellas el camino es un éxito, y ese aprendizaje les da confianza y seguridad. Puedes valorar ganar la Liga o puedes valorar haber aprendido a ser más hábil con la pierna no dominante, haber sido más atrevido en tu juego, haber ganado más duelos. Y estar orgulloso de esos aprendizajes a pesar de no haber alcanzado el premio final.

Siempre estamos aprendiendo, y esto ya es un éxito en la vida. Centrar la atención en esos aprendizajes, y en cómo nuestra mochila de experiencias se va nutriendo de ellos, aumenta nuestra confianza y nuestra seguridad. Lo que la debilita es estar pendientes de lo que nos faltó por conseguir.

Habla bien de ti y piensa bien de ti. En los momentos duros nos alivia tratarnos mal, como si lo mereciéramos, pero ya hemos visto en otros capítulos que eso no funciona, solo aumenta nuestro malestar e inseguridad.

Las autodescalificaciones continuas, tanto las que verbalizas —a tus amigos, a tu pareja...—, como las que te guardas dentro, te generan dudas e inseguridad. Cuando tienes un martilleo de ideas descalificándote es imposible que te sientas orgulloso o seguro de ti. La manera de tratarte, de dirigirte a ti mismo, tiene un impacto en tus emociones. Y la seguridad y la confianza tienen su parte emocional. Sentirte seguro nunca va a ser la consecuencia de una idea tipo «Me sale todo mal, no sirvo para nada». Entre lo que piensas y lo que sientes hay una correlación. Y el pensamiento es algo que elaboras tú, aunque creas que los tienes todos automatizados. Y aunque todos tus pensamientos fueran automáticos y no fueras consciente de cómo te estás hablando y cómo estás pensando ahora, aun así, podrías cambiarlos.

Presta atención a tus diálogos internos. Cuando te autodescalifiques..., reposa, escribe. Busca un vocabulario alternativo, y vuelve a dirigirte a ti mismo con ese vocabulario. Como si estuvieras aprendiendo un idioma nuevo.

Pon la atención donde suma. Durante una crisis, nos fijamos en todo lo que resta y que confirma lo miserables que somos. Desde las comparaciones con personas a las que la vida les sigue sonriendo, hasta los síntomas de ansiedad que nos debilitan vitalmente, pasando por la conclusión de que los demás ya no nos ven de la misma manera porque nos parece que tienen una actitud compasiva hacia nosotros. Estar pendientes de estas señales impide que dirijamos la atención a muchas otras que están ocurriendo a la vez y que podrían darnos una imagen distinta de nosotros y de la situación.

La atención se modifica poniendo atención plena en lo que suma: quién te está ofreciendo y prestando ayuda, qué sigue funcionando bien a pesar del momento duro, qué rutinas mantienes, qué anclajes de seguridad continúan presentes en tu vida...

Involúcrate en tu cambio. Trabajar en los cambios que deseamos nos da confianza aunque el cambio todavía no sea visible. Cuando una crisis ha arrasado nuestro estilo de vida, cuando ha afectado al trabajo y a nuestras relaciones y vínculos personales, el cambio para salir de ahí queda a muy largo plazo, tan lejos lo vemos que hasta nos parece imposible e inaccesible.

Pero empezar a planificar, a escribir ideas en una libreta, a buscar contactos..., sentir que estamos responsabilizándonos —por poquita que sea la responsabilidad que podamos tener— nos genera esperanza. Forma parte del proceso para volver a coger el control.

En los momentos en que he vivido una crisis necesitaba estar al pie del cañón, saber qué estaba ocurriendo, cuáles eran los procesos, qué podía ir haciendo yo. Eso, aunque fueran acciones insignificantes, me daba tranquilidad.

Márcate objetivos asequibles y avanza paso a paso. Si tu meta, tu dificultad o aquello a lo que te enfrentas es enorme, divídelo. Alguien que quisiera vencer una enfermedad grave de un día para otro se sentiría tremendamente frustrado; no es posible. Todo tiene sus pasos. Cada paso que des, toma conciencia de que estás más cerca, y alégrate, siéntete agradecido. Por muy lejos que esté o por muy complicada que sea tu meta, cada paso te acerca.

Cuida de tu salud, te lo mereces. Una persona con confianza y autoestima se quiere. Y si se quiere, se cuida, se dedica tiempo, se compra alimentos saludables, duerme sus horas, se asea, se acicala, trata de verse y de sentirse bien. Ofrecer un buen aspecto físico, cada uno conforme a su estilo, nos da seguridad y transmite a los demás una imagen de confianza.

El autocontrol es un signo de confianza. Los estudios sobre el autocontrol revelan que tendemos a confiar más en las personas que tienen capacidad de autocontrol; nos generan confianza. Ser confiable también es un valor relacionado con el éxito.

¿Por qué es así? ¿Por qué autocontrol y confianza van de la mano? Muy sencillo. Una persona impulsiva —sin límites, sin filtro— tiene muchos números de ser indiscreta, perjudicial, agresiva, emocionalmente vendida a su momento. Y todos sabemos que cuando salta el cerebro emocional, cuando te dejas arrastrar por las emociones más primarias, no eres dueño ni de lo que haces ni de lo que dices.

En medio de una crisis, cuando nos sentimos vulnerables, somos más irascibles, menos empáticos. En esos momentos, muchas personas solo son capaces de pensar en sí mismas, en su desgracia, sienten que la vida les debe una y no miden las consecuencias de sus palabras y de sus actos. Arrasan como Atila y dejan daño y desolación detrás. Pierden el autocontrol y la confianza de aquellos que las valoran, las idolatran o las quieren.

Ten bajo control todo lo que sea controlable. La preparación es fundamental. No acudas a una entrevista, a pedir un crédito o a una reunión con la intención de improvisar. Repite, estudia, repite, investiga, repite, fórmate más. Que nunca cese este círculo. La experiencia y el conocimiento nos dan seguridad y confianza. Cuanto más los afiances y entrenes, más control tendrás sobre las cosas.

Estar preparado para un acontecimiento importante, que pueda cambiar el rumbo de un momento difícil, podría ser clave para el desenlace. No dejes al azar lo que está en tu mano preparar. A veces no nos dan una segunda oportunidad.

Cuida tu postura corporal y tu comunicación no verbal. Transmitimos nuestra seguridad, o inseguridad, a través de la postura, la expresión facial y los movimientos. La comunicación no verbal dice más de nosotros que el propio contenido de lo que comunicamos; es incluso más fiable que la comunicación no verbal. Si quieres que te perciban como una persona segura, necesitas expresarte, con tu cuerpo y tu expresión facial, con firmeza y a la vez con amabilidad. La firmeza a solas puede parecer agresiva, pero si combinas una espalda recta con una sonrisa, parecerás seguro.

Transmitirás seguridad estableciendo contacto ocular, dando un apretón de manos decidido, manteniendo la espalda recta, deshaciéndote de tics o hábitos nerviosos (toquetearte la barba, juguetear con el anillo del dedo, mordisquearte las uñas...), con la sonrisa y, en la comunicación paralingüística, utilizando el tono, la velocidad y el volumen de voz adecuados. No te escondas detrás de un cruce de brazos, no te sientes encorvado, no escondas las manos. Despliega tus plumas de colores y deja sentir tu presencia.

Pide ayuda. Pedir ayuda no es una debilidad. Reconocer que no sabes algo no es una debilidad. Tener confianza y seguridad es un proceso de aprendizaje continuo. Y para aprender hay que escuchar, pedir información, pedir ayuda, tener humildad. Nadie va a pensar que eres tonto y que no sabes desenvolverte porque pidas ayuda. El que peor suele juzgarte eres tú.

Hay muchas personas deseando ayudar. Es algo que hemos experimentado durante la crisis de la COVID, cuando la solidaridad y la generosidad de muchos han sido un salvavidas. Pero los que te rodean no son adivinos. Si necesitas ayuda, pídela. Quien pueda, te ayudará, y quien no pueda, será sincero y te lo dirá.

Y recuerda: la inseguridad tiene su lado positivo. Te permite estar más atento y concienzudo con lo que haces. Así que, si en algún momento te invade la inseguridad, acéptala y trata de comportarte como alguien seguro.

La seguridad a veces está sobrevalorada, no permitas que te retrase. (Ahora te estarás llevando las manos a la cabeza pensando «¿Qué dice esta loca?», o sea yo.) Me refiero aquí a los que necesitan sentirse seguros para actuar. Hay gente que tiene claro que hasta que no se sientan seguros no mandarán su currículum; no propondrán tomar un café a esa persona que les atrae; no le dirán a su jefa una idea brillante que mejoraría el rendimiento de la empresa... Y así cientos de ejemplos. Esperan a transformarse en personas seguras para decidirse a hacer algo. ¿No se puede invitar a alguien a tomar café siendo inseguro? ¿Solo invitan a tomar café las personas seguras? Coge a tu inseguridad de la mano y plántate donde creas que debes.

Hay un tipo de inseguridad positiva que te permite ser reflexivo, prudente y analítico, pero tarde o temprano tendrás que tomar decisiones. La inseguridad te impide tomar decisiones. Y si no decides, no avanzas. Muchas personas inseguras desearían no serlo; se dan cuenta de que pierden oportunidades, sufren ante determinadas situaciones, se bloquean y acaban por no ser ellas mismas. Sentirse inseguro es normal, es una emoción que nos lleva a ser más reflexivos, más prudentes y más pacientes. El exceso de seguridad puede traernos problemas, como relajarnos ante situaciones que necesitarían de una información o preparación mejor, no pensar dos veces lo que se cruza por nuestra mente o precipitarnos en la toma de decisiones. En el punto medio está la solución.

Diario de a bordo para vencer la adversidad y superar todas las crisis

Acepta la inseguridad y la falta de confianza en ti mismo como parte del proceso de duelo que supone atravesar y superar una crisis. Si la interpretas como un rasgo propio de tu persona, en lugar de como algo circunstancial propio de la crisis, te costará más recuperar la seguridad.

Lo que muchas veces te impide avanzar y superar una crisis no es la falta de talento o de recursos, sino el hecho de no confiar en ti mismo.

Durante y después de una crisis tendemos a dar más valor a las consecuencias negativas y perdemos la perspectiva y el foco con lo que sigue siendo positivo a nuestro alrededor.

No sobrevalores la seguridad; puedes actuar al margen de ella.

8

El valor de la ayuda

—Mamá, ¡¡¡tengo la media para entrar en la Escuela de Arte!!!

—No sabes lo orgullosa que estoy. Este año ha sido durísimo para ti, sé lo mal que lo has pasado y esto por fin es el premio.

—Qué pasada, por fin voy a dedicarme a lo que me gusta y voy a librarme de ese convencionalismo que no soporto y de hacer lo que no soporto. ¡Tengo la sensación de que he perdido años de mi vida con temas que no me interesan nada!

—Estoy deseando que lo disfrutes. Eres un artista, eres creativo. Pintas como los ángeles. ¡Por fin, Pablo, por fin!

Después de un año durísimo, Pablo había sacado, con muchísimo esfuerzo emocional, la media necesaria para entrar en la Escuela de Arte y hacer el bachillerato de artes. Mi hijo quiere ser desde los once años director de cine. Solo faltaba realizar todo el papeleo burocrático para formalizar la petición de plaza y entrar en el proceso de selección. El día en que empezaba la inscripción ya habíamos rellenado todos los formularios y adjuntado los certificados de notas, del colegio, de familia numerosa. El primer día para inscribirse y el deber cumplido, como me gusta a mí; no soy de dejar nada para mañana. No adjuntamos el padrón porque entendimos que la distancia entre nuestra casa y la Escuela de Arte no justificaba aportarlo... ¡Grave error!, como se verá a continuación.

Pablo y yo nos sentíamos felices, ahora relajados después de un año de mucha tensión y con los deberes hechos de cara al verano. Él esperaba que la desescalada le permitiera viajar a Granada a ver a su padre. Y así fue.

El día señalado salieron las listas provisionales, a las doce de la noche. A esa hora me llamó mi hijo desde Granada, desconsolado.

—Mamá, en las listas provisionales estoy fuera.

—Pero ¿cómo va a ser eso, Pablo, si tienes más de la media y somos familia numerosa?

—Sí, mamá, pero la familia numerosa cuenta un punto y el padrón, seis.

Estuvimos maldiciendo el padrón y la injusticia de la diferencia de puntos. Esa noche apenas pude dormir sabiendo la frustración y la pena tan grande que tenía que estar sintiendo Pablo, y sin poder consolarlo. Lo que él no sabía es que todo había sido un error mío, de injusticia nada.

A primera hora de la mañana llamé a la Escuela de Arte para pedir explicaciones y la persona que me atendió, con toda su dulzura y amabilidad, me dijo:

—Señora, le ha pasado a usted lo que a mucha gente, que no ha adjuntado el padrón. El padrón es necesario para todos los que viven en Zaragoza, sea la dirección que sea. Pida el padrón y adjúntelo al expediente, que está en fecha.

En ese momento vi el cielo abierto: mi hijo todavía podía acceder a la escuela. Lo que no me imaginaba era la odisea que iba a significar conseguir un padrón en tiempos de la COVID. Llamé al centro de mi barrio. Imposible. Solo con cita previa y la daban para una fecha en la que ya estábamos fuera de plazo. Llamé a todos los demás centros y más de lo mismo: cita previa. Lloré por teléfono de pura desesperación. Me fui al Ayuntamiento, eché una instancia y me dijeron que me llegaría en quince días. No era suficiente. Una funcionaria me vio tan desesperada que me dijo: «Acérquese al Instituto Aragonés de Estadística, igual allí tiene suerte». Entre protocolos COVID, distancias, citas previas, era tarea imposible. Pasé una angustia horrible; por un error mío de presuposición equivocada, mi hijo se iba a quedar fuera. Él seguía tristísimo en Granada y sin poder hacer nada.

Me acerqué al Instituto Aragonés de Estadística, que no es un centro en el que haya atención al público, pero el hombre me debió de ver tan mala cara que me dijo:

—Yo puedo hacerle el favor de expedirle un padrón conjunto, de toda la familia.

—Ah, genial, pues lo que sea.

—Sí, pero necesito el DNI de todos los mayores de edad del domicilio.

Empezaba otra odisea. Mi marido estaba entrenando y se acercaba la hora de cierre del Instituto Aragonés de Estadística. Al final conseguí los DNI de mis dos hijas mayores de edad, el mío y el de Andrés... y el padrón.

Estaba tan nerviosa que tuvo que venir mi cuñada a ayudarme a adjuntar el padrón al expediente porque yo no encontraba la forma de hacerlo, no había manera. Y a las tres y pico de la tarde conseguimos adjuntarlo.

Mandé un mensaje de esperanza y tranquilidad a mi hijo: «Pablillo, hijo, que ya hemos adjuntado María y yo el padrón, todo irá bien». Y pasé otra noche sin dormir. Al día siguiente llamé a la escuela para confirmar que lo hubieran recibido y que todo estuviera en regla y completo. Así era. Salieron las listas definitivas y Pablo estaba en lo alto de la tabla. Ahora ya está matriculado en la Escuela de Arte.

Mi hijo en Granada, sin mi ayuda, no hubiera conseguido entrar. Agradezco mil la paciencia y tranquilidad que mostró la persona que me atendió el teléfono en la Escuela de Arte; imagino que la mujer habría recibido ya decenas de llamadas y estaría ya hasta el moño. Sin la inestimable ayuda de los dos funcionarios generosos y bondadosos, no habría podido enmendar el error de no haber adjuntado el padrón. Sin mi cuñada María, no habría dado pie con bola para complementar el expediente.

Nos necesitamos los unos a los otros. Somos parte de algo. De un grupo, de un equipo, de una tribu, de una sociedad. Somos parte.

Estuve dos días sin apenas dormir de la pena que sentía, y tuve que anular todo lo que tenía programado para conseguir el padrón como fuera. Sé que otras personas se plantaron en su centro cívico y decidieron no irse hasta que lo tuvieran. Éramos muchos en la misma situación. Cada uno lo solventó con ayuda de terceros. Agradezco a todos los que me ayudaron en ese momento tan determinante, que condicionaba los estudios y la salida profesional de mi hijo, que tenía puesta su esperanza y felicidad en esa opción de bachillerato.

Lo que les pasa a los hijos duele. Por lo menos a mí me duele mucho. Lo que me ocurre a mí, no, pero lo que les ocurre a ellos, me traspasa las entrañas. En casa cuidamos los unos de los otros. Mis hijos no están sobreprotegidos, pero si están respaldados. Siempre he pensado que prefería pecar de «buenista» con ellos que de lo contrario. De exceso de amor y apoyo no enferma nadie.

El apoyo social es parte de nuestra supervivencia. Este capítulo me parece de vital importancia porque hay una corriente pululando por internet y las redes sociales que aboga por tirar para uno, por el individualismo, por un autocuidado y un amor propio mal entendidos, incompatibles con dar, amar, entregarte o ser servicial con los demás. Primero yo: yo me amo, yo me cuido, yo me priorizo; como si esta fuera la base de la pirámide de la autoestima.

Es cierto que, durante muchísimos años, la mujer ha adoptado el papel de abnegada esposa y madre que se entrega al cuidado de sus hijos, su marido y sus mayores y renuncia a su profesión. Esto ha llevado a muchas mujeres a dejar de pensar en ellas y vivir únicamente el rol de madre, esposa e hija. Hoy en día todavía arrastramos sentimientos de culpa cuando nos dedicamos tiempo, cuando nos damos prioridad a nosotras mismas. Pero ni una cosa ni otra.

Para compensar esta entrega incondicional que han vivido muchas mujeres aparecen teorías extremas que defienden que tú tienes que estar por encima de todo y de todos. Argumentan que si tú no te quieres no sabrás querer a los demás.

Es maravilloso y completamente recomendable tratarse con respeto, tener tiempo para uno mismo, dedicarse tiempo con atención plena, tener intimidad y espacio, cuidarse..., pero no es cierto que hasta que no consigas todo esto no podrás querer a los demás. Esa afirmación casi deshonra el amor que millones de padres, madres y abuelos han sentido y dado. En aquellos tiempos uno no miraba por sí mismo, miraba por los suyos. Igual no sabían quererse, pero sabían querer y amar.

Muchísimas madres y muchísimos padres, abuelas y abuelos nos han dedicado toda su vida, todo su amor. Se han desvivido por nosotros económicamente y nos han dedicado todo su tiempo. Se han sacrificado haciendo grandes renuncias. Apenas dedicaban tiempo a ellos mismos, apenas se cuidaban, pero sí sabían querer. Han querido muy muy bien. Quererte y respetarte es importantísimo, pero hasta que lo consigas, quédate tranquilo, seguro que eres maravillosamente capaz de querer a los tuyos.

Por las redes corren frases míticas que generan mucha frustración en la gente. Frases, más comerciales que ciertas, que generan confusión en tantas mujeres que han entregado su vida a los demás y se han sentido felices en ello.

Tuve una paciente en la consulta que me comentó sentirse incómoda con sus amigas porque la animaban a que fuera a clases de yoga, que se hiciera masajes, que se permitiera una escapada de fin de semana sin su marido y otras actividades en las que sus amigas participaban. Ella decía que no le apetecía, que se sentía feliz con su tipo de vida, que no necesitaba dedicarse más tiempo, y que estaba confusa porque le insistían tanto que ya no sabía si era ella la equivocada y si estaba perdiéndose algo importante.

Ni todas las mujeres ni todos los hombres necesitan dedicarse tiempo exclusivo para ser felices. Hay personas felices que no necesitan superarse cada día, ni competir, ni amarse a sí mismas por encima de todas las cosas; para ellas, el amor a los demás da sentido a su vida. Cualquier corriente que tire de ti hacia un extremo puede generar confusión. Y, además, esta corriente va en contra de valores como el altruismo, la generosidad o prestar ayuda. La psicología ha demostrado que cuando prestamos ayuda a los demás y mejoramos de alguna manera su vida, automáticamente mejora también la nuestra. Hacer el bien nos hace bien.

Dar es una virtud, y quienes dan son personas virtuosas. Prestar ayuda nos sale de dentro. Deberíamos empezar a derribar creencias erróneas como la de que ser bueno es ser tonto; se basan en malas experiencias personales que, aunque sean pocas, han sido muy dolorosas y han dejado huella. Si los seres humanos no nos ayudáramos, nos habríamos extinguido hace muchísimo tiempo.

Cooperar, ser solidarios, colaborar, tiene muchas ventajas:

- Transforma el corazón de quien recibe la ayuda y de quien la presta.
- Ayuda a relativizar y entender otras realidades ajenas a la nuestra. Hemos normalizado nuestro Estado de bienestar, pero no es tan normal como nos parece.
- En personas con trastornos del estado de ánimo, como depresión, su ánimo mejora cuando colaboran con actividades altruistas. Es una manera de empatizar con un dolor mayor al propio.
- Nos convierte en un modelo de generosidad y nos ayuda a educar en valores a los nuestros. Nada educa como el ejemplo.
- Las personas generosas que prestan ayudan aumentan con su comportamiento el grado de confianza que les tenemos.
- Nuestro cerebro cambia cuando ayudamos a otros: libera neurotransmisores y hormonas como dopamina, serotonina y oxitocina (la hormona de la compasión).
- El acto generoso de una persona es un acto en cadena; cuando el bienestar de alguien aumenta gracias a la ayuda de otro, ese bienestar es el motor para que esa persona ayude a otras.

Somos seres sociales. Por eso estamos vivos, hoy, aquí, en el siglo XXI. Necesitamos cuidar los unos de los otros, establecer alianzas, tener compromisos, hacer concesiones. Nos necesitamos, dependemos los unos de los otros.

Los seres humanos hemos sobrevivido gracias a nuestra «dependencia buena», la dependencia positiva que, de forma sana, nos

ayuda a cooperar, a buscar ayuda, a relacionarnos con los demás, a
ser generosos, cautos y precavidos, a no dañar, a decir lo correcto,
a buscar aprobación para facilitar el sentimiento de pertenencia y a
buscar y dar amor. De hecho, no hay nada más triste para alguien
que la soledad no buscada. Y el destierro, en tiempos de nuestros
antepasados, suponía la muerte. Somos seres sociales.

Solo debemos huir de la dependencia que tenemos respecto a
personas que no nos aportan nada, que nos hacen daño, que nos
marchitan, pero que pensamos que somos incapaces de vivir sin
ellas. Solo de estas. Erigirnos con la bandera de «Yo todo solo»,
además de rozar el egoísmo y el egocentrismo, nos aleja del amor
tan bonito que nos une con los demás.

¿Cuáles son las razones que hacen que esa «dependencia buena» sea positiva? Veámoslas.

Tenemos neuronas espejo. Estas nos permiten empatizar y sentir emociones similares a las de nuestro interlocutor. ¿Con qué
sentido íbamos a tener estas neuronas si no fuera para favorecer
las relaciones y dar ayuda y compasión a quien sufre? ¿Por qué
le interesaría saber a mi cerebro del sufrimiento de otro si no es,
evolutivamente, para socorrer y seguir sobreviviendo? Hoy sabemos que gracias a estas neuronas espejo reaccionamos ante el
sufrimiento ajeno como si fuera nuestro.

Tenemos empatía. La empatía es la capacidad de entender las
emociones de los otros y mimetizarnos con ellas, y esto incluye
también la felicidad. La empatía nos permite disfrutar con más
intensidad de algo que hacemos en compañía. Compartir una
experiencia con alguien (una obra de teatro, un museo, una comida, bailar, un viaje...) es duplicar la emoción que produce esa

experiencia. Hacer las cosas solo está bien, hacerlas con alguien puede ser genial.

Podemos pedir ayuda. No confundamos las cosas, pedir ayuda no es ser dependiente. Pedir ayuda ha sido siempre una forma de cooperar, colaborar y sobrevivir. Hoy en día sobrevaloramos la independencia, a la que atribuimos un valor de fortaleza emocional. Ser capaces de hacer cosas por nosotros mismos es maravilloso, pero esto no puede llevarnos a dejar de contar con los demás y pedir ayuda.

Disfrutamos gustando. Para pertenecer a la tribu, necesitas gustar, caer bien, hacer reír, alabar al otro. Gran parte de nuestra supervivencia radica en que nos acepten, porque eso supone estar protegido por el grupo y que, en caso de necesitar ayuda, tengamos apoyo social.

Somos seres afectivos y sociales. Los vínculos sociales, el amor, los abrazos, los besos, la confianza... estimulan la oxitocina, la hormona del amor.

La necesidad de pertenencia también nos lleva a superarnos. Queremos ser mejores dentro del grupo para alcanzar un estatus, para gustar, para sentirnos valorados.

No dejes de ser tú y de construir tu yo por pertenecer al grupo. No dejes de ser tú, pero cuenta con el equipo. No es posible satisfacer nuestros deseos al máximo sin la presencia de los demás. Vivimos en una sociedad compleja y especializada, en la que, para tener según qué recursos, necesitamos a otros.

¿Cómo dar y recibir apoyo? Es más complicado dejarse ayudar que prestar ayuda. Así que empecemos por lo más sencillo. Prestar ayuda no es llegar y decirle al otro lo que tiene que hacer u ofrecerle lo que creemos que necesita. Requiere de otros ingredientes y valores que facilitarán que el otro acepte y se deje ayudar. Veamos qué podemos hacer para ofrecer y dar ayuda.

Antes de ofrecer ayuda, acepta las diferencias. Cuando ofrecemos ayuda, o cuando realizamos un regalo, normalmente lo hacemos en función de lo que a nosotros nos agradaría. Es más sencillo pensar en los demás a partir de lo que nos gustaría o nos facilitaría la vida a nosotros. Por eso cuando ofreces ayuda no siempre aciertas con lo que la otra persona necesita. No te sientas mal si la rechaza. Puede que, a pesar de toda tu buena voluntad, no sea la clase de ayuda que necesita.

Busca el momento adecuado para ofrecerte. Aunque tú percibas la urgencia de la necesidad de ayudar, si el otro no está emocionalmente receptivo, ni te escuchará ni se dejará ayudar. Trata de que esté calmado, de que disponga de tiempo para escucharte, plantearte dudas, comprometerse contigo... No es lo mismo que se deje ayudar por no escucharte más que porque esté convencido de que es bueno para su persona.

Más «qué necesitas» y menos «qué tienes que hacer». Es más fácil ayudar preguntando que dando consejos. Dar consejos sin saber si son viables es poner a la otra persona en un compromiso. Cuando sepas que alguien necesita ayuda, simplemente pregunta: «¿Qué necesitas de mí?». O bien: «¿En qué te puedo ayudar?». A veces lo que más necesita el otro es que permanezcas a su lado, sin decir ni hacer nada, por duro que te parezca. La ayuda tiene que servir a la persona que está sufriendo, no a quien desea aportar algo.

Di concretamente en qué puedes ayudar. Cuando alguien está en plena crisis, le ayudará poco que le digas: «Avísame cuando me necesites». El otro está confuso, perdido, nervioso, apático..., le resulta imposible concretar. Es preferible ofrecerse con algo concreto, por ejemplo: «¿Querrías que esta semana te llevara a los niños al colegio mientras tú vas a tus revisiones en el hospital?».

Ayuda sin condiciones. Ayudar pidiendo algo a cambio no es ayuda, es manipulación. Y no me refiero a que te lo paguen, sino a comentarios como: «Yo te acompaño a la terapia, pero tú prométeme que no llamarás más a tu ex». Cuando uno ofrece ayuda, solo tiene que verbalizar: «No te preocupes, yo te acompaño a terapia». Este tipo de presión es típico entre personas entre las que existe un alto grado de confianza.

Tu ayuda tiene que facilitarle la vida. A veces ofrecemos ayuda con ideas que a nosotros nos parecen sencillas pero que para la otra persona pueden ser un mundo. Tus ayudas tienen que ser sencillas de poner en práctica para la otra persona; no deben dificultarle más el momento por el que está pasando. Un ejemplo es cuando alguien ha perdido a su mascota, a un familiar, se ha separado, está atravesando un período triste a solas, y le pedimos que se venga a nuestra casa. Para esa persona, salir de su seguridad, de su cafetera, de su cama, es un estresor más. Si deseas ofrecer compañía y puedes, ofrécete tú ir a la suya. Pero no insistas en sacarle de las pocas rutinas que todavía la mantienen segura.

No pases factura. Si le recuerdas al otro que tú le ayudaste en un momento delicado y que ahora esa persona debería responder o ayudarte o lo que sea, no volverá a dejarse ayudar por ti. En la vida esa reciprocidad debería ser natural, no impuesta. Puedes elegir a las personas a las que prestar ayuda, pero si lo haces, que sea desde el corazón, no para recordarles en un futuro que tú estuviste ahí.

Acepta que el otro no desee que le ayudes. No podemos ayudar a quien no desea recibir ayuda. Igual no ha llegado su momento. Igual no está preparado. Igual no tiene confianza. Igual no eres la persona adecuada. Sea cual sea el motivo, no te sientas mal, no lo tomes como algo personal. Estoy segura de que, aun así, te lo agradece muchísimo. Hay personas que se han educado en el dar pero no en el recibir. No están acostumbradas a que les ayuden y no saben aceptarlo.

¿Y a la hora de recibir ayuda? Veamos qué podemos hacer:

No, no puedes hacerlo todo por ti mismo. Tu autosuficiencia no te hace más válido. Vivimos en una cultura con tintes individualistas en la que relacionamos responsabilidad y madurez con hacerlo todo solos, pero estamos para ayudarnos. Puedes ser una persona madura e independiente a pesar de que necesites ayuda o te dejes ayudar.

Ni sientas vergüenza ni pienses que dejarte ayudar es aprovecharte de los demás. Piensa que la humanidad ha sobrevivido gracias a las ayudas mutuas.

Aceptar ayuda es un rasgo de humildad. Hay personas altivas, excesivamente seguras, que creen saberlo todo y consideran que los demás pueden aportar poco a su vida. Durante una crisis, se debilitan, pero tratan de enmascarar su inseguridad con conductas de autosuficiencia e incluso con soberbia. Asocian dejarse ayudar con debilidad, vulnerabilidad, pérdida de control.

Y puede que sea así. Cuando necesitas ayuda es porque en ese momento de tu vida no puedes con todo, o no tienes la solución, o necesitas que te presten un dinero del que no dispones. Todos, en algún momento de nuestra vida, necesitamos que alguien nos ayude.

En ocasiones, a los hijos educados en la autonomía y la independencia les resulta difícil poner límites a sus padres y tomar decisiones contrarias a lo que estos proponen. En esos casos, si se equivocan y necesitan ayuda, les cuesta mucho pedirla. Y, más que por orgullo, se les hace cuesta arriba para no enfrentarse a ese «Te lo dije» que hace que se sientan aún más inseguros y equivocados.

Sé agradecido con la ayuda. Puede que la ayuda que te estén ofreciendo no te resuelva nada o incluso te incomode, pero la intención de quien la ofrece, aunque no esté acertado, es aliviar tu situación. Agradece la ayuda, pero no te sientas obligado a aceptarla. Piensa desde la benevolencia. La mayoría de las veces, quien trata de ayudarte lo hace desde el aprecio y el amor a tu persona. No busca segundas intenciones.

No esquives..., sé sincero. No te comprometas con lo que no puedes hacer. Es mejor ser sincero, aunque pienses que le estás haciendo un feo a quien se ha ofrecido. Mentir, esquivar, evitar, solo incrementará tu malestar. Las personas que te ofrecen ayuda pueden entender que tengas un ritmo distinto. Diles que cuando te veas preparado contarás con ellas.

Ayudar es fácil cuando te rodeas de un círculo de personas buenas. Y dejarse ayudar es más fácil cuando las personas tienen buenas intenciones. Si todos fuésemos mejores personas, seguramente nos volcaríamos más en la tribu. La psicología no tiene una prueba para evaluar quién va a sumar en nuestra vida, quién va a fallarnos o a quitarnos la energía. Pero sí podemos establecer unos criterios que pueden ayudarnos a rodearnos de personas buenas.

Lo bonito de la bondad, de la benevolencia y de ser una persona de valores, es que los valores no fallan. Si quieres tener una tribu con la que te sientas a gusto, con la que disfrutes y que te insufle ánimo y energía, ten en cuenta las siguientes preguntas:

¿Te dedica tiempo? ¿Hace por quedar contigo, por buscar un rato para compartir contigo? Hay familiares y amigos que solo llaman o encuentran tiempo cuando lo necesitan para ellos. Pero cuando tú los necesitas siempre tienen mucho trabajo o están liados.

¿Se alegra de tus éxitos? Los amigos y familiares que te quieren sin recelo y sin envidias son aquellos que cuando la vida te va bien lo celebran contigo. Apoyar a alguien cuando está mal es sencillo. La comparativa te hace verte como un privilegiado y,

por pura caridad, nos sale consolar a quien se encuentra en desventaja. Pero dar ánimo y celebrar los éxitos de a quien le va bien a veces genera rechazo y envidia. Compararse y preguntarse por qué no podría ser uno el afortunado es muy habitual.

¿Habla en positivo? Cuando está contigo y te habla de aspectos de su vida, lo que le ocurre en el día a día, ¿lo hace en términos positivos? ¿O es de las personas que solo te cuenta problemas, desgracias o te habla en negativo? Estas personas consumen muchísima energía y terminan contagiándonos su apatía y negatividad.

¿Te ayuda? A veces no basta con palabras de aliento, a veces necesitamos que alguien nos ofrezca ayuda, y ayuda concreta. ¿En qué te puedo ayudar? ¿Quieres que este fin de semana salgamos a comer? ¿Puedo ayudarte con los niños para que te organices con esa cita tan importante para ti?

¿Comparte una misma escala de valores? Los valores que tú has elegido para ti, para vivir tu vida, aquello que tú defiendes, es lo que tú has decidido que está bien. Si te rodeas de personas que se identifican con tus valores, te sentirás bien. Si, por el contrario, te rodeas de personas que no entienden la generosidad, la benevolencia, la entrega, el esfuerzo de la misma manera que tú, lo normal es que vivas en un conflicto continuo, tengas discusiones con ellos y más desacuerdos que acuerdos. Así es difícil que haya complicidad.

¿Es agradecido contigo? Hay personas que creen merecerlo todo. Merecer tu tiempo, tus invitaciones, tu ayuda y se olvidan

de dar las gracias. Ser agradecido es una manera de dar valor al gesto y a la propia persona.

¿Cómo habla de los demás? Una persona que habla mal de los demás no es de fiar. Hablar mal de los demás no dice nada bueno de esa persona. No escuches y pon límites a la conversación de quien se dedica a criticar a otros. Puedes cambiar de tema o decir simplemente que no te gusta hablar mal de otras personas ni escuchar continuas críticas. Quien habla mal de los demás es muy probable que también lo haga sobre ti cuando tú no estés.

¿Es discreto? Nos gusta contar con personas en las que podemos confiar. Las personas confiables guardan tu intimidad y no la comparten, por muy atractivo que sea tu secreto. Tampoco comparten la intimidad de otros. Hay personas que, con tal de ser protagonistas de una conversación, son capaces de hablar de los problemas y de la vida de los demás.

Rodearte de gente buena y de personas con las que disfrutas es parte de tu salud emocional. Estas personas te sacan una sonrisa, te apoyan de forma sincera, te atienden, te ayudan. Son imprescindibles en tu vida. Son luz.

Y recuerda, por favor, lo tremendamente solidarios, serviciales, generosos, entregados, que hemos sido en estos tiempos de pandemia. Cuánta gente entregada ha dado su vida en estos meses, cuántos voluntarios han estado a pie de calle dando su tiempo, su dinero, su ayuda. A todos nos encanta poder poner de nuestra parte cuando aparece una dificultad.

Una misión con la que podríamos comprometernos todos podría ser la de hacerles la vida más fácil a otros. Si algo hemos aprendido en estos meses es que veníamos de un ritmo y un estilo de vida que nos tenían asfixiados. Crisis de valores. Vivíamos una crisis de valores. Vivíamos a la carrera, y no precisamente deportiva. Vivíamos corriendo, sin tiempo para nosotros ni para los demás. Con la mente puesta en el trabajo, en las responsabilidades del hogar, en apagar fuegos, en competir en el trabajo, en comprar, en acumular, en aparentar. Nuestros hijos, con varias actividades extraescolares, agobiados a deberes, deporte, música y chino. Nosotros esclavizados con las exigencias del trabajo, de nuestro físico, de nuestra casa y nuestra familia. Y, de repente, el confinamiento y el parón. Hemos entrado en una crisis sanitaria que nos está permitiendo reflexionar sobre este momento y lo que pensábamos que eran nuestras prioridades. Hay una prioridad que no ha cambiado: la salud. ¿Verdad? Que no nos falte nunca la salud. Pero ¿las otras? La manicura, la peluquería, salir a comprar ropa, complementos, bolsos, maquillaje, ir al club en el que cada uno estuviera, las clases de yoga, de pilates, de taichí o a lo que cada uno estuviera apuntado, esas reuniones tan importantes de trabajo, las comidas de negocios, el fisio, el coche, la moto, la bici, viajar, ir a las grandes superficies, los tratamientos de estética, los masajes relajantes para desestresarnos de tanta carrera... No podíamos vivir sin nada de esto, incluso las citas con el amante..., quien lo tuviese. Y digo lo de los amantes porque más de una persona me lo ha comentado por privado en las redes sociales. Y resulta que la vida nos está enseñando que sí podemos vivir sin todo lo que pensábamos que era importante, incluso imprescindible. ¿Y en qué hemos volcado toda nuestra energía y nuestra atención? En los demás.

Los sanitarios, los farmacéuticos, el personal de los supermercados, el cuerpo de policía y un montón de personas, de forma profesional o voluntaria, a base de exponerse al contagio y de hacer su trabajo en condiciones muy complicadas, contribuyeron a que en ese momento tan difícil tuviéramos una vida más segura y confortable. Y caminante no hay camino, se hace camino al andar. Eso nos ha enseñado esta crisis: a andar de otra manera. A andar desde la entrega, la valentía, para prestar ayuda y servir a los demás.

Tú también puedes hacerles la vida más fácil a otras personas:

Agradece. Agradece lo que alguien cocina para ti, agradece un mensaje de un amigo al que hace tiempo que no ves, agradece la sonrisa de tus seres queridos, agradece que estés sano, agradece los aplausos de las ocho de la tarde, agradece que seguimos unidos... Hay tanto que agradecer que perdemos la perspectiva.

Proponte agradecer cada día algo. Anótalo en un diario, anota cómo te has sentido y la reacción de la persona a la que has agradecido algo. Agradecer te ayudará a poner el foco en detalles de la vida que a veces te pasan desapercibidos.

Perdona. Una de las dificultades para gestionar estos momentos son las rencillas no superadas con personas a las que apreciamos. Perdones pendientes, disculpas pendientes. No las damos porque pensamos que tendremos toda la vida para resolver esos pequeños o grandes conflictos.

En los casos trágicos, como puede ser la muerte de un ser querido, nos dificultan muchísimo la gestión del duelo. Así que descuelga el teléfono y llama a esa persona a la que le debes una disculpa o a quien está esperando que le perdones por algo. No dudes si eres tú quien tiene que dar el primer paso. ¡Qué más da! Dalo.

Llama. En tiempos de distanciamiento físico (como en esos días en los que no nos podíamos besar, abrazar o tocar), una video-llamada —ver el estado anímico de la otra persona, su cara, regalarle una sonrisa, unas palabras de ánimo— marca la diferencia. Incluso invitar al otro a un café virtual y dedicar tiempo a ponernos al día del pasado, del presente y de los planes de futuro.

Facilita. ¿Qué podrías hacer en este momento que facilitara la vida de alguien? Mandar una receta que le encanta a una amiga, jugar con alguien online, enviar una canción que te recuerde a esa persona, bailar por videoconferencia con otra persona, marcarte un reto con un amigo para ayudarle a tener una vida más activa o saludable.

¿Qué facilita la vida de los que tienes alrededor? «Al andar se hace el camino, y al volver la vista atrás se ve la senda que nunca se ha de volver a pisar», escribió Antonio Machado. Ojalá a todos nos haya quedado claro por dónde no podemos volver a transitar, ojalá esta experiencia nos haya dejado a todos una lección de vida. Ojalá todos podamos ser mañana las personas que estamos siendo hoy.

Diario de a bordo para vencer la adversidad y superar todas las crisis

Ayudarnos ha sido clave en la supervivencia.

A los seres humanos nos sienta bien ayudar.

Tranquilo, puedes querer bien a los demás aunque tú no seas tu primera prioridad.

Prestar ayuda repercute automáticamente en el propio bienestar.

Ayudar y dejarse ayudar educa en valores.

Un acto generoso se puede convertir en una corriente o una cadena de favores.

Para prestar ayuda, pregunta al otro qué necesita, respeta sus tiempos, no atosigues, empatiza y trata de que tu ayuda le facilite la vida.

Para dejarte ayudar, sé humilde, agradece la ayuda y no te comprometas si ves que ese tipo de ayuda no te favorece.

Aprende a rodearte de personas buenas y bonitas.

9

El efecto sanador de la autocomplacencia

—Patri, ¿y ahora cuál es tu siguiente proyecto?

—Ninguno. Dejaré que todo fluya.

Esta ha sido la pregunta que me han hecho muchas veces cuando presentaba un libro o un proyecto nuevo, como fue la obra de teatro *Diez maneras de cargarte tu relación de pareja*. Tenemos interiorizado que cuando cierras una etapa o cuando cumples un sueño, ya tienes que estar automáticamente pensando en el siguiente, en algo nuevo, porque lo presentado hoy ya es viejo. ¡Como si no pudiéramos vivir sin ese chute de adrenalina que supone estrenar algo nuevo, crear algo nuevo, pensar en «lo siguiente»!

Alguna vez pienso que yo también fui de esa clase de personas que tienen que estar todo el día haciendo algo, todo el día produciendo, todo el día pensando en «¿Y ahora qué?». No recuerdo cuándo empecé a ser así ni cuánto tiempo me duró, pero sí recuerdo cuándo dejé de serlo. Era exigente, perfeccionista, deseaba lo mejor para mi hija, ya que la estaba educando sola, y por ella cogía todo el trabajo que me llegaba como psicóloga; quería no perder el tren, tener la deseada estabilidad que anhela toda autónoma. Y un día llegaron a mis manos las terapias de tercera generación, la famosa ACT (siglas de *acceptance and commitment therapy*, terapia de aceptación y compromiso), la meditación, el estado de *flow*... Todas estas corrientes estaban hace quince años en España en ese estado que llamo de «chup-chup», como el Avecrem; están cocinándose hasta que de repente les prestas atención y todas bullen a la vez. Creo que fueron mi salvación. En esa época empecé una nueva vida, hacía lo mismo pero disfrutaba mucho más de la psicología, disfrutaba mucho más de mis hijos, de mi vida y de mí. Por supuesto también significó un giro increíble en mis terapias.

A partir de entonces, todo en mi vida giraba alrededor de saber vivir. Pero saber vivir había dejado de ser algo material, económico, tener dinero para comerte un arroz con bogavante el fin de semana. Saber vivir era fluir, reír, mirar y observar, no juzgar, dejar estar, perdonar, no luchar, aceptar y ser autocomplaciente. Fue un cambio grande que surgió con naturalidad, por convicción absoluta. Y por eso trato de que mis pacientes ahora puedan disfrutar de ese mismo giro que yo experimenté. Pero a la gente le cuesta soltar, dejar de controlar, dejar marchar. Es como si perdieran el control sobre su vida. Y en parte, así es. Pero es que no tenemos control sobre casi nada.

Gracias a este giro personal también cambió mi forma de educar. Pasé a ser menos exigente, menos controladora, más buenista. Menos noes, más síes, menos límites, cero castigos. Solo me importaba el vínculo con mis hijos. Mi educación pasó por preguntarme: ¿qué tipo de vínculo quiero tener con ellos? Y toda interacción con mis hijos partía de la respuesta a esa pregunta.

Las terapias de tercera generación tratan de llamar la atención sobre aspectos que la psicología tenía olvidados. Durante muchos años las terapias cognitivo-conductuales basaron su tratamiento en razonar los pensamientos y en el vínculo entre pensamiento, emoción y conducta. Todo partía de lo que pensábamos y de cómo esos pensamientos condicionaban nuestra vida. Las terapias de tercera generación siguen cronológicamente a las terapias cognitivas y, más que en el problema, se centran en la persona. Buscan la aceptación del problema por parte del paciente más que el control del problema. Se busca que el paciente deje de luchar, de controlar, y aprenda a convivir, aceptar o percibir de forma distinta lo que está viviendo y sintiendo.

De las diferentes terapias de tercera generación, yo practico y me identifico con la de aceptación y compromiso, de Steven Hayes. Si quieres leer dos libros que te cambiarán la vida, te recomiendo *La trampa de la felicidad*, de Russ Harris, y *Sal de tu mente, entra en tu vida*, de Steven Hayes. Cuando uno termina de leer estos libros, piensa: «Pero ¿cómo he podido funcionar hasta ahora en mi vida sin conocer esto? Ahora entiendo por qué llevo tantos años sufriendo. Jamás habría pensado que estaba tan equivocado al querer controlar mis pensamientos y mi vida».

Son lecturas que te dejan de todo menos indiferente y, para mí, son libros de cabecera. Te hacen darte cuenta de que llevamos años enredándonos con pensamientos inútiles, con preocupaciones que escapan a nuestro control, dándole vueltas a lo que nos incomoda y nos hace sufrir...

¿Y para qué?

Para nada.

Porque sufrir por lo que no depende de nosotros no tiene premio.

«Pero, Patri, ¿cómo puedo dejar de pensar en lo que me preocupa? Es un problema importante en mi vida, se trata de mi salud, y es grave.» Esta frase es de una paciente joven recién diagnosticada de esclerosis múltiple. Pero podría ser la frase de cientos de pacientes que tienen la misma duda.

Llevamos toda la vida queriendo controlar lo que no es controlable. Esa sensación de creer que estamos controlando lo que en realidad no estamos controlando nos da seguridad. Una seguridad engañosa. Porque al carecer de control en ese propósito, lo único que hacemos es aumentar el valor de lo que nos preocupa. Y entramos en un bucle o círculo vicioso que nos genera sufrimiento y angustia.

A pesar de la paz que transmite leer a Harris o Hayes, con ese planteamiento de dejar estar las preocupaciones, de poner distancia emocional con lo que no depende de uno, aun así, los pacientes ven complicadísimo conseguirlo. «Vamos, si yo un día dejo de darles vueltas a las enfermedades, te pongo un altarillo, Patri», me han llegado a decir. Porque la dificultad de estas terapias no está en la propia terapia, sino en el miedo que nos produce dejar de hacer lo que hasta ahora hemos hecho pensando que nos daba control, a sabiendas de que no hemos controlado nada. Años haciendo lo mismo: razonando, juzgando, controlando..., y nada. Ansiedad, malestar, culpa, tristeza, alivio engañoso momentáneo para caer enseguida otra vez en la misma rutina.

Ya hablamos de la aceptación y vimos la serenidad que aporta aceptar esa parte de la vida que no podemos cambiar, que no depende ahora de nosotros, o incluso esa decisión de dejar estar aquello por lo que no nos apetece seguir luchando.

La autocomplacencia es un paso más. Es como subir de nivel en el juego de la aceptación. Según la Real Academia Española es «la satisfacción por los propios actos o por la propia condición o manera de ser». Es decir, no solo aceptamos el entorno, las circunstancias, la suerte, a las personas, sino que nos aceptamos a nosotros disfrutando de ello. Este es el matiz de subir de nivel, disfrutar de cómo eres aquí y ahora. Disfrutar de cómo estás aquí y ahora. Siendo y estando aquí y ahora. Sin reproches. Sin exigencias. Sin críticas. Sin juicios de valor. Tal y como es y está, es y está bien.

Aquellos que critican a las personas autocomplacientes interpretan que de ahí deriva una actitud conformista, poco crítica y, por lo tanto, mediocre. Pero la autocomplacencia tiene más que ver con la aceptación que con el conformismo. En el capítulo sobre la aceptación vimos cómo aceptar situaciones que no dependen de nosotros, con las que tenemos que aprender a convivir sí o sí. Pero al hablar de autocomplacencia vamos a ir un paso más allá. ¿Y si decidiéramos dejar de luchar contra lo que sí podemos luchar pero no nos apetece? ¿No te parece que llevamos muchos años viviendo en una cultura basada en la constante superación, en la que si no eres ambicioso eres un perdedor? ¿Cuántas películas hollywoodienses hemos visto basadas en el sueño americano, en el sacrificio constante que nos lleve al premio final? ¿O en esos lobos de Wall Street con el dólar grabado en la frente que se comerían a su madre con tal de conseguir una venta o, en el peor de los casos, de que no la consiga la competencia? Conseguir una buena casa, un buen coche, una buena pareja, un buen trabajo en el que ganes mucho dinero, y seguir acumulando dinero con el que luego no podrás pagar el tratamiento para un cáncer terminal porque este no se puede comprar.

Disfrutar de la propia forma de ser y de actuar no es incompatible con trabajar en las áreas de mejora. De hecho, el proceso de aceptación del propio yo, de lo que uno posee, de su entorno, forma parte del camino hacia la felicidad. Porque ese querer cada día más, querer ser de otra manera, buscar con quien compararse para estar a la altura, estar hipermotivado para seguir creciendo, es una trampa. La trampa de competir hasta con lo que no se debe.

«Si hay algo que no soporto en las comidas y cenas navideñas con la familia son las conversaciones que surgen en torno a las notas

—me dijo una paciente—. Todos los sobrinos cuentan a voz en grito cada uno de sus sobresalientes, buscan la aprobación de los tíos, de los abuelos, que les digan qué buenos son, lo orgullosos que están de ellos y que sigan así. Y a mi hijo le cuesta estudiar; no es vago, no es tonto, pero tiene dificultades de aprendizaje —me confesó. Y añadió—: Lo pasa fatal en esos momentos, y a mí me entra una rabia por dentro que tiraría la bandeja de langostinos a las cretinas de mis cuñadas, que fanfarronean de niños, de notas y de todas las estupideces que se han comprado. No pego nada en esa familia. Son unos pijos competitivos...»

Tras un silencio, me siguió explicando: «Mi marido se queda como un pasmarote, sin decir nada. Le he dicho mil veces que hable con sus padres, que les diga que dejen de preguntar por las notas, pero es incapaz de enfrentarse a ellos. Cualquier día me divorcio de tanta tontería de mi familia política pija o de mi marido. No sé qué caerá primero... Pero ver a mi hijo pasarlo mal sabiendo lo que le cuesta y que sea el único al que le quedan asignaturas, me mata. Y, además, fíjate lo compasivos que son... Sabiendo el problema que tiene, mi suegra le dice a mi hijo delante de todos: "¡Hay que apretar un poquillo más!". Yo en ese momento la mataba».

Esta paciente venía a consulta por problemas de pareja, y esta cuestión era un gran escollo en la relación. Lo relato porque es la cuna de la competitividad. Siempre aconsejo a las familias que no saquen el tema de las notas en los eventos familiares, que no alardeen, que no den valor al resultado. Y mucho menos cuando hay otras personas que a pesar de su esfuerzo no logran el premio. Es muy frustrante sentirte incapaz de competir y estar a esa altura que separa al exitoso del mediocre, al disciplinado del vago, al listo del tonto..., cuando no es así. Desde niños les indicamos qué es ser exitoso, cuál es su valor como persona, qué es una porquería de calificación escolar, y cómo recibir reconocimiento. «Hay que ser el mejor, sacar las mejores notas, marcar más goles, y si encima tienes buen tipo y eres guapo, lo bordas», escuchan. Esto, para decirlo vulgarmente, es una jodienda. Esos niños ya saben que, para seguir recibiendo cariño, atención, valoración, amor, van a tener que sacar buenas notas. Y este modelo de «amor» se trasladará a su vida personal, serán exigentes con su ejercicio, con su comida, con su físico. Y, por supuesto, la exigencia también entrará a formar parte del ámbito del trabajo y de la pareja. Eso de tener de pareja a un «fracasado» no estará bien visto. Aprendemos que la vida es superarse, crecer, ganar, competir, cruzar los límites…, y así tendremos seguridad, confianza y autoestima.

Vivimos en una sociedad en constante cambio. La tecnología nos obliga a estar al día; si te despistas, te quedas desfasado. Cuando acabas de comprar tu último modelo de teléfono, el televisor se ha quedado obsoleto, y cuando vas a cambiar de televisor, el ordenador pertenece a la era del brontosaurio.

Esta velocidad en el cambio te la impones también a nivel personal y profesional. Un curso de informática, una formación en liderazgo, un viaje de negocios, deporte, estar al día de cómo les va a tus amigos, contestar a los mensajes de WhatsApp, incluso vestir el último modelito o superar tu marca personal cuando corres. Está de moda dar más, exigirse, ir más lejos, estar maravilloso por dentro y por fuera, cuidarse en extremo. Pero esta corriente e imposición por la superación personal puede generar unas expectativas inalcanzables y sentimientos de frustración. La sensación de tener que estar siempre corriendo para no llegar nunca es agotadora. Más para ser feliz, mejor para ser feliz.

Pero la felicidad es hoy, es esto, está en lo que tienes, no en lo que te falta. Progresar está genial, pero para quien lo elija. El «virgencita que me quede como estoy» también está permitido y es una opción.

El que espera ser feliz cuando consiga el premio (perder peso, tener hijos, encontrar al amor de su vida, cambiar de trabajo) no disfruta del camino, de saborear el momento, de conocer personas encantadoras o de los estímulos motivadores que sí tiene ahora en la vida. No puede disfrutarlos porque no los contempla, no los busca. Y no los contempla porque está viviendo en el futuro en lugar de disfrutar del presente. Autocomplacencia significa disfrutar de lo que eres y tienes ahora, pero no es incompatible con querer cambiar. Mientras te recreas en lo que tienes puedes seguir dando pasos.

¿Por qué es importante ser autocomplaciente para ser más resiliente? Porque la autocomplacencia genera un estado de fluir, de serenidad que nos ayuda a reconstruirnos sin prisa y sin presión. Como hemos comentado a lo largo del libro, una crisis nos deja la autoestima patas arriba, a veces también nos deja sin recursos económicos, sin trabajo, sin pareja, dañados, física y emocionalmente mermados. Una crisis puede descolocarnos en todos los sentidos, incluso provocar un trastorno por estrés postraumático como han sufrido muchos de nuestros sanitarios con la crisis de la COVID. Si nos cuesta aceptarnos cuando nuestra vida está en pleno auge, ¡qué no pensaremos de nosotros en medio del caos! Ahí es cuando más compasivos y autocomplacientes necesitamos ser con nosotros. Aunque sea por cuidar de nuestra dignidad.

El que se siente continuamente insatisfecho con su vida, sus circunstancias y su forma de ser, no está en equilibrio. Está en búsqueda. A veces no sabe ni de qué. Anhela algo más y mejor, diferente, nuevo. Porque esta cultura competitiva nos ha educado en lo contrario de saber estar con lo que somos y lo que tenemos.

La autocomplacencia puede ser positiva cuando aceptas dejar de luchar y de querer controlar aspectos del entorno, incluso de ti, que ahora, en este momento, no puedes cambiar. Los chequeos de salud, las revisiones médicas, como es una mamografía periódica a partir de los cuarenta, están bajo tu control, pero que un día desarrolles cáncer de mama, no. Gastar acorde a lo que ingresas está bajo tu control, que tu empresa sufra con esta crisis y cierre, y con ello pierdas tus ingresos, no. Y así con cientos de temas.

Anticipar un futuro cáncer porque varias de tus amigas lo han sufrido, obsesionarse con la muerte o con cualquier signo de malestar, no previene que la enfermedad aparezca. Y por mucho que cuides tu economía, no puedes prevenir una pandemia y que el número de desempleados aumente de esta manera tan bestial.

Aceptar dejar de luchar con estas preocupaciones es dejar de hablar con ellas y de querer controlar lo incontrolable. Aunque no te lo creas, puedes hacer oídos sordos a esos pensamientos que te rondan en la cabeza. A veces basta con dejar estar. Cada vez que te asalte la preocupación, en lugar de buscar una solución que ya sabes que no funciona, dile a tu mente: «Gracias por el aviso, agradezco que te preocupes por mí». O: «Este pensamiento no puedo resolverlo en este momento». Recuerda: son solo pensamientos, no verdades. Puedes profundizar sobre este tema en mi libro *Cuenta contigo*.

La autocomplacencia también puede ser positiva cuando abandonas de forma consciente la lucha por alcanzar objetivos impuestos por modas, por creencias, por una educación estricta y rígida que perjudican tu felicidad. ¿Qué objetivos se pueden abandonar? La búsqueda de la perfección, por ejemplo; esperar que te llame y te haga caso esa persona de la que estás enamorada y te engañas pensando que un día se dará cuenta de que eres maravillosa; conseguir que tu jefe te valore cuando no lo ha hecho nunca; que tu madre deje de ser controladora; que tu pareja cambie algo que no va a cambiar...

Si tu felicidad está en estos cambios, tu felicidad está hipotecada. Porque no son cambios que dependan de ti. En estos casos se trata de aceptar a las personas tal y como son. Querer cambiar a los demás, o que los demás cambien porque a ti te hará más feliz, no es posible; solo ocurre en las películas. Acéptate tal y como eres en el entorno que creas con esas personas. Y si de verdad te resulta incómodo o dañino, pon límites. Pero no trates de que cambien. Vas a sufrir un desgaste que consume mucha energía.

La autocomplacencia puede ser positiva, asimismo, cuando das una vuelta a tu escala de valores y terminas aceptando luchas internas contigo mismo que buscan llegar a la felicidad por el camino equivocado. Estos valores, sujetos a cánones de belleza absurdos, te dicen que el envoltorio es más atractivo que el caramelo que contiene dentro. Acepta tu aspecto físico. Trata de ser feliz como eres. No estoy diciendo que te abandones. Come de forma sana, haz ejercicio, pero no te rechaces ni te mires con desprecio. Eres agradable, buena persona, simpático, honesto, eres un montón de cosas que te dan valor, pero están dentro de ti, no fuera. Hay personas que llevan muchos años queriendo perder kilos para meterse en una talla ridícula de adolescente. Aceptar unos kilos de más no significa dejarse llevar por la glotonería ni renunciar a cuidarse; significa renunciar a metas que te quitan más de lo que te aportan. ¿Cuáles son esas metas para ti? Podrías hacer una lista y decidir renunciar a ellas.

Hace años tuve en la consulta en Granada a una mujer con un sufrimiento enorme. Todo giraba en torno a su físico. Se quedó embarazada cuando tenía veinte años y su pareja y ella decidieron que dejaría de estudiar la carrera universitaria para cuidar a su hija. Ella ha sido siempre una mujer bellísima: un cuerpo precioso, un pelo fuerte, sedoso, rubio, unos ojos claros que cautivaban. Su marido la adoraba, tenía un buen trabajo, vivían bien, sin problemas. Su hija heredó su belleza y cuando empezó la adolescencia y a ser una joven adulta, todos los piropos de su familia y amigos, que hasta entonces habían recaído en la madre, empezaron a dirigirse a la hija. Lo que en principio agradaría a cualquier madre, ella lo vivió como una competencia. Mi paciente tenía cuarenta años y su hija veinte. Se obsesionó con las patas de gallo, las manchas en la piel y, sobre todo, la talla. Quería tener la talla 34 de su hija, que era esbelta, alta, delgada por naturaleza, sana, joven. Todas las mujeres a esa edad tienen una belleza preciosa que irradia de su juventud y de sus ganas de comerse el mundo. Y mi paciente se vio desplazada. Hacía enormes esfuerzos por estar muy delgada, dedicaba muchísimas horas al gimnasio, me confesó que quería parecerle atractiva incluso al novio de su hija. Ella misma me contó que al dejar la universidad y dedicarse en cuerpo y alma a su marido y a su hija, se había dado cuenta de que lo único por lo que recibía halagos en la vida era por su belleza, y que ahora su hija la estaba anulando. A cualquiera de nosotros nos parecería absurdo, incluso nos sentiríamos orgullosísimos de que nuestros hijos fueran el centro de atención y reconocimiento, pero para ella era como el final... ¡Y tenía cuarenta años!

Mi paciente no quería abandonar la batalla de la eterna juventud y belleza, pero, como sabes, esa es una batalla perdida. La belleza se transforma; nuestro atractivo permanece en nuestra sonrisa, en nuestra mirada, en nuestra bondad, en nuestros valores. La belleza no puede depender toda la vida de un cuerpo atlético y firme, de una piel tersa, sin arrugas ni manchas. Eso no es real, y obsesionarse con ello es comprometerse con la frustración, la insatisfacción y la infelicidad.

Así que, por favor, decide hoy mismo a qué batallas decides renunciar. Porque hay batallas que no se ganan luchando; se ganan renunciando a ellas.

Abandona la necesitad de agradar y caer bien a los que te rodean. Deja de vivir la vida de otros para ser aceptado y sentirte valorado. La deseabilidad social es un término psicológico que define la necesidad de responder en los test y cuestionarios de tal forma que tus respuestas sean lo que se espera de ti. En la vida cotidiana, la deseabilidad social sería comportarte (expresarte, vestirte, actuar) conforme a lo que crees que los demás esperan de ti y así ser aceptado. La necesidad de pertenencia tiene un coste muy elevado para las personas inseguras, tímidas y poco asertivas.

Todos queremos tener amigos, salir con gente, enamorarnos, llevarnos bien con los compañeros del trabajo; en definitiva, sentir que pertenecemos a un grupo. El ser humano es un ser social y desarrolla gran parte de su vida entre otras personas: vive en familia, trabaja con colegas, tiene hijos, pertenece a una comunidad de propietarios, entrena en un gimnasio o pasa muchas horas al día relacionándose. Pero las relaciones sociales pueden ser una fuente de insatisfacción y generar altos niveles de ansiedad y tristeza. Los hay que creen que no encajan, que no se sienten queridos, tienen baja autoestima y no se comportan como les gustaría por miedo a ser rechazados o a perder a quien ahora tienen; los hay que buscan mostrar su mejor versión, hablar sobre lo que «es correcto y aceptado», vestirse a la moda y ocultar sus rarezas, defectos y debilidades para no sentirse criticados.

Fingir te lleva a integrarte en un grupo, pero el precio es demasiado alto. Dar tu mejor versión supone unos niveles altísimos de perfeccionismo, estar todo el día en guardia para no meter la pata y que descubran tu lado «oculto». Fingir te lleva a no ser tú mismo.

Agradar a los demás implica ser respetuoso, agradable, educado, divertido, participativo, pero nunca ser lo que no eres. Es más sencillo intentar encontrar otro grupo de personas u otra pareja que valore lo que tú, de forma natural y fácil, puedes ofrecer, que estar toda la vida interpretando un papel.

Ser natural y sencillo es una de las características más atractivas de las personas; nos sentimos cómodos con aquellos que no tratan de fingir, engañar o ser misteriosos. Tarde o temprano siempre se pilla a quien simula algo que no tiene; la comunicación no verbal suele delatarlos.

Siendo tú mismo no engañas a nadie, pero lo más importante es que no te engañas a ti mismo. Para conseguirlo, prueba lo siguiente:

Cuida tus prioridades. Hacer el bien y estar disponible para los que te rodean es genial, pero tus necesidades también son importantes. Las personas que priorizan a los demás, piensan que los otros están por encima y que ellos ya tendrán tiempo de atenderse; no se estiman lo suficiente.

Trabaja en tu autoconcepto. ¿Quién eres? ¿Qué tienes que ofrecer? ¿Por qué eres valioso? Contestar a estas preguntas de forma positiva no es arrogancia ni falta de humildad; es tener clara tu valía. Tu valor interior te posiciona frente a los otros, te permite comportarte con seguridad y confianza. Di: «Este soy yo y me gusto».

Acepta que no le caerías bien a todo el mundo ni aunque fueras la mejor persona del planeta. Las experiencias, la manera de entender la vida, los valores, las necesidades..., hay muchas cosas que nos diferencian unos de otros. Es importante comprender lo que nos distingue y ser flexibles. Fingir que te gusta esto y lo otro es muy incómodo. Hay muchas personas ahí fuera a las que les encantaría compartir contigo gustos similares a los tuyos. Ten paciencia hasta que aparezcan.

Respétate. No permitas que nadie te falte al respeto por miedo a perder a esa persona. El que te falta al respeto no tiene cabida en tu vida, por muy enamorado que estés de esa persona. El respeto hay que ganárselo, y no se consigue dejando que otros te pisoteen o abusen de ti.

Bieninterpreta. En un grupo cada uno se expresa como sabe, hace comentarios hirientes, sarcásticos, irónicos o se ríe de cosas que a ti no te hacen gracia. Si te inquieta el trasfondo de lo que se dice, pregunta: «¿A qué te refieres con esto, tiene que ver conmigo?». Es la mejor manera de aclarar dudas. Te evitarás rumiar y hacer conjeturas infundadas.

Siéntete cómodo en las interacciones. Busca lo que enriquece y disfruta el momento. No pienses en decir algo que guste, sino en disfrutar de la conversación. Tu atención tiene que estar puesta en lo que está sucediendo, no en la posibilidad de meter la pata con algo que digas.

No cedas cuando no te apetece algo. Puedes rechazar un plan y seguir conversando con tus amigos. Estar siempre disponible no es un valor. Si tienes que interpretar un papel para sentirte bien en un grupo, ese no es tu grupo. ¿Te has planteado probar con tu versión oficial? Igual es más carismática y atractiva. Todo es probar.

Acepta que hay personas más guapas, más ricas, con más suerte, con más recursos o con más inteligencia que tú. Siempre habrá alguien mejor que nosotros en cualquier aspecto de la vida. Mejor incluso que Usain Bolt; llegará el año en que alguien lo destrone de sus récords y consiga tantas medallas o más que él. Así es la vida. Ahora vivimos más, somos más altos, gozamos de mejor salud. El mundo y las personas evolucionamos a mejor.

Siempre habrá alguien mejor... y no tienes por qué alcanzarlo. Querer tener más y estar por encima de los demás es una batalla perdida. No te compares. Una emoción muy presente en este tipo de situaciones es la envidia. Si en algún momento sientes envidia, no sufras. Acepta esa emoción y transfórmala pensando algo como «Es normal anhelar lo que deseo cuando otros lo obtienen. Voy a tratar de aprender cómo lo hicieron y trabajar en ello para conseguirlo».

Veamos cómo podemos superar la envidia.

Acepta lo que eres y lo que tienes. Todos somos genéticamente distintos, por eso no podemos compararnos. Recuerdo un chiste que me hizo mucha gracia. Un huevo le pregunta a un kiwi: «¿Por qué eres tan peludo?». Y el kiwi le responde: «¡Pues porque soy un kiwi!».

Igual a ti no te hace gracia, pero a mí me dio por reír y por pensar. Si te comparas con un huevo, efectivamente, eres peludo. Pero el problema de ser o no ser peludo parte de la comparación. Y la envidia también parte de la comparación.

Acepta y después, si lo deseas, elabora un plan para el cambio.

Trabaja en aquellos cambios que deseas para poder superarte. ¿De qué sientes envidia? Escríbelo de forma clara, que no te dé vergüenza. Por ejemplo: «De que mi vecina haya adelgazado diez kilos en tres meses y yo no sea capaz de llevar durante dos días seguidos una alimentación saludable». Anota a continuación cuál sería tu objetivo: «Me encantaría tener más autocontrol, menos estrés y más paciencia para poder comer mejor. Quiero perder peso y me desespera no ser capaz de ser constante». Ahora pensemos qué necesitas para alcanzar tu objetivo. ¿Una cita con un nutricionista, empezar a cocinar tú y llevar la comida en una tartera al trabajo, comer sentada, no tener en casa aperitivos o alimentos poco saludables, aprender a meditar para tener más paciencia? Haz una lista y comprométete con el punto que te parezca más sencillo. Y no te digo que le pongas fecha de inicio, porque ese día es hoy. Y ahora dime, ¿no empiezas a sentirte mejor? La envidia no es porque el otro tiene algo que tú deseas, sino porque no sabes cómo podrías intentar tenerlo. Ahora ya tienes un plan.

Desear el mal o ser injusto con quien envidias solo incrementará tu malestar. La persona envidiosa, a pesar de que desearía que no se le notase, enseguida termina delatándose. Una señal clara de la envidia es quitar importancia al otro. Un envidioso diría: «Es que con esa genética puedes comer de todo, así no tiene mérito». O también: «Yo creo que tenía enchufe». Necesita encontrar un locus de control externo, algo ajeno a su control, que justifique, a través de la suerte o de otro factor externo, que el otro haya conseguido algo que él desea y no tiene. Solo así, achacándolo a la suerte, deja de sentirse mal. No es el esfuerzo de la otra persona, es la buena suerte. Si fuera el esfuerzo, sabría qué hacer para tener lo mismo, pero eso no le apetece.

Desea que al afortunado le vaya bien la vida. En el libro *Mindfulness funciona*, de Beatriz Muñoz, hay una meditación preciosa que dice lo siguiente: «Te deseo paz, te deseo bienestar, te deseo salud y que la vida te vaya bonita». Trata de expresarla en un momento de serenidad, visualiza a la otra persona enfrente, libera tus emociones incómodas e imagina cómo esa persona se aleja de ti llena de la paz que le estás deseando. Desear cosas buenas a los demás despertará en ti buenos sentimientos y te liberará del desagrado de sentir envidia.

Cuando deseas cosas buenas, te sientes bien, y ese estado de ánimo sereno te ayuda a comprometerte con tu compromiso, con aquello en lo que tienes que trabajar para dejar de tener envidia. La envidia, la rabia y la ansiedad son emociones que, al hacernos sentir incómodos, nos limitan la vida. Perdemos mucho tiempo dándoles vueltas a estas emociones, buscándoles una explicación, justificándonos por sentirnos así, pero mientras seguimos bloqueados y no actuamos. Conseguir un estado emocional sereno te permitirá llevar una vida mejor.

Decide qué reacción tener cuando sientes envidia. Psicológicamente hablando, los seres humanos somos un cóctel de pensamientos, emociones y comportamientos. Esta tríada psicológica está conectada entre sí. La manera como pensamos genera inmediatamente una emoción. Las emociones modifican nuestra forma de pensar. Y ello nos lleva a determinados comportamientos. Es decir, las tres variables están continuamente retroalimentándose. La envidia es una emoción, y esta viene precedida por nuestra forma de interpretar lo que está ocurriendo, por todo aquello que te estás diciendo a ti mismo.

Tienes capacidad para elegir tu línea de conducta a pesar de que sientas envidia. Tienes capacidad para hablarte de otra manera e interpretar las cosas de otra forma. Y tienes capacidad para elegir cómo deseas comportarte y qué reacción tomar. Una cosa es sentir envidia y otra muy distinta actuar como lo haría un envidioso. Trata solo de comportarte como una «buena persona». Si no se te ocurre cómo actuaría una persona de bien en ese momento, piensa en alguien que te inspire; un amigo, familiar o conocido que no sea envidioso y que ante lo positivo de la vida de otros actúe con una alegría sincera. Así podrás copiar lo que hacen otros. Lo más positivo de actuar como una buena persona es que no te equivocas nunca.

Más admiración, menos envidia. Admirar a alguien supone reconocer y elogiar lo que te gusta desde el disfrute y la alegría; reconocer sus talentos y sus virtudes; reconocer algo que seguramente desearías para ti pero que, lejos de suponerte un estado de envidia y pena, te lleva a alegrarte del bien ajeno. Admirar tiene varias ventajas frente a la envidia. Te permite observar lo que hace la otra persona y así aprender de ello. Dejas de machacarte y juzgarte por algo que tú no tienes. No te comparas, no te haces daño y no te sientes inferior. Y admirar puede incluso motivarte para trabajar en un cambio que deseas para ti, pero a través de la inspiración, no de la envidia.

Concéntrate en tus fortalezas. Lo que envidias o admiras en alguien es lo que ese alguien representa, lo que hace, lo que consigue. Admiras su forma de vestir, de expresarse en público, su paciencia o lo educados que son sus hijos. Para poder aspirar a esas capacidades o virtudes, empieza por encontrar las tuyas. ¿Cuáles son tus fortalezas? ¿Cómo has conseguido tus éxitos hasta el momento? No eres consciente de tus propias virtudes, talentos o capacidades sencillamente porque no les prestas la atención debida. Conocerlos hará que te sientas fuerte y capaz. Y puede que a través de esa visión positiva de ti mismo te animes a cambiar otros aspectos que no te convencen. Necesitas tus virtudes para ejercitar tus áreas de mejora.

Además, centrarte en tu lado positivo mejorará la imagen que tienes de ti mismo. Esto es cuidar tu autoestima. Si no cuidas tu autoestima, cualquier aspecto de otra persona te parecerá mucho más válido que lo que tú tienes. Si no te das valor, ¿cómo vas a proyectar ese valor hacia fuera?

Haz el ejercicio de escribir cada día un valor, una capacidad. Lleva un diario de tus éxitos. Apunta cómo los conseguiste, a través de qué talento. Y trata de recordarlo durante todo el día. La visión que tienes de ti mismo depende de dónde pongas tu foco de atención.

Lleva un diario de agradecimientos contigo y con la vida. «Quiero, quiero, quiero...» Todo el día llorando por lo que nos falta, por lo que no tenemos. El mundo del quejica es triste y egoísta. Al quejica siempre le falta algo en su vida; como el envidioso, siempre anhela algo de otro que él no tiene. Si fuéramos más conscientes de todo lo que nos rodea, lo disfrutaríamos mucho más.

Entre las quejas, nuestra propia exigencia y el perfeccionismo, nunca estamos satisfechos. Y cuando vemos a otros que aparentan felicidad, serenidad, envidiamos esa vida. Pero tal vez esas personas no tengan más que tú, tal vez simplemente sepan disfrutarlo mejor. Y si disfrutan más con lo mismo que tienes tú es porque son conscientes de la dicha que las rodea.

Prueba a llevar un diario de agradecimientos y anota tres cada día. Quién ha sido atento contigo, qué detalle de tu vida has disfrutado hoy, quién te ha sonreído sin venir a cuento, una llamada, un comentario alentador, el disfrute de lo que has cocinado, la lectura... Siempre hay motivos para sentirnos agradecidos con las personas, con la vida, con el entorno. Solo tienes que poner el foco en ello. Verás qué pronto cambia tu estado de ánimo y la sensación de satisfacción y plenitud con tu vida.

Acepta otros puntos de vista, otras opiniones, otras formas de sentir y actuar. Aceptar otros puntos de vista no significa que tengas que cambiar el tuyo ni someterte a ellos, solo aceptar que existen. Ni siquiera tienes que hacer juicios de valor sobre la manera de pensar de otras personas.

La rigidez mental, la inflexibilidad, lleva al sufrimiento propio y ajeno. A las personas cuadriculadas, un cambio de planes, o que lo planeado no salga como estaba ideado, les genera ansiedad.

Una mente rígida lo tiene mal para aprender, escuchar con atención, cambiar, evolucionar. Defienden sus posturas a rajatabla sin prestar atención a las ideas de otros. Las sobremesas con ellos pueden ser incómodas y tensas.

La capacidad de adaptarse, de improvisar, de volver a planear, además de facilitar las relaciones personales, nos permite vivir con mayor serenidad.

Para ser mentalmente más flexible...

- Pregúntate: «Este cambio ¿será dramático mañana, la semana que viene?». Lo controlable, bien, pero lo que no es controlable hay que aceptarlo. Un cambio de planes no es un cambio de vida.

- Escucha con interés y curiosidad, nadie te va a hacer cambiar de opinión si no lo deseas. Escuchar es aprender. No necesariamente estás obligado a dar tu brazo a torcer.

- Si la propuesta de otro te parece razonable, o incluso mejor que la tuya, cambia. Cambiar no es sinónimo de perder. Da las gracias a quien aporte algo distinto y atractivo para ti.

- Sé curioso; se trata de aprender, no de perder tu identidad. Cuando somos curiosos, nos enfrentamos a lo nuevo como si fuera un misterio, con ganas de tener experiencias positivas. Si lo haces pensando que no te va a gustar y terminas diciendo el mítico «Ya sabía yo que no me iba a gustar nada», solo te quedarás con la parte negativa de la experiencia.

- Las personas cambiamos, y eso está bien. Cambiar de opinión no es una debilidad ni un signo de duda, sino de crecimiento, de flexibilidad, de transformación... Cambiar es evolucionar, y los seres humanos estamos en constante evolución.

- Sé generoso y cede alguna vez. Aunque sea por ver disfrutar a los que te quieren. Y no lo hagas a regañadientes esperando que la experiencia sea un fracaso para restregarles el «Te lo dije».

- Ten cuidado con cómo expresas tus ideas delante de los compañeros de trabajo, pero sobre todo delante de tus hijos. Si te comportas de forma dogmática, lo normal es que tus hijos terminen copiando tu estilo de comunicación y lo repitan en el futuro. Piensa que eso les acarreará los mismos problemas que has tenido tú.

Nadie se libra de ello. La vida tiene una parte injusta que tarde o temprano te va a tocar..., nos va a tocar. Mira hacia delante y sigue caminando. No te recrees en la mala suerte; el victimismo no da soluciones ni genera emociones que sumen. Tendemos a asociar, equivocadamente, que ser buena persona es sinónimo de llevar una vida justa, pero no es así. El destino, la suerte (la buena y la mala), la intervención de terceras personas, etc., también desempeñan papeles protagonistas en nuestra vida.

Responsabilizarte de la deuda que te deja un socio mala gente, pasar el duelo de la separación de quien te ha sido infiel y te ha traicionado, superar momentos duros en un despido, vivir la enfermedad de un hijo o la tuya propia... son momentos muy complicados. La vida tiene piedras y tiene flores, y debemos estar preparados.

Como he comentado en los primeros capítulos, yo viví una separación, a mi modo de ver, injusta. No la vi venir, no vi la mentira, no vi la traición. Vivía en los mundos de Yupi, feliz con mi trabajo, feliz con mis amigos, feliz con mi embarazo. Y de repente, sin saber cómo, la vida giró más de 360 grados. ¿Se puede girar más de 360 grados? Por supuesto. Es como si alguien te cogiera por los hombros y empezara a darte vueltas y más vueltas, y cuando paras —todos hemos jugado a esto alguna vez—, cuando paras, estás desorientado, te tambaleas, no caminas en línea recta y te sientes muy confuso. Yo no sé cuántas vueltas di hasta que recuperé mi norte. No tantas, porque no me lo podía permitir y porque contaba con unos amigos de esos de «para toda la vida te juro amor eterno». Y así sigue siendo hoy. Me quejé, me lamenté durante mucho tiempo. Como mi separación me dejó unos daños colaterales muy duros y tuve que arrastrar esas consecuencias a lo largo de muchos años, cada vez que aparecía un problema nuevo, me venía abajo, lloraba, me sentía una víctima de la vida. Todo me parecía tremendamente injusto..., y hoy me lo sigue pareciendo. Pero lo que me empoderó no fueron las quejas. Lo que me empoderó fue perdonarme por haber sido tan confiada, que yo asociaba con «Eres tonta, te la han metido doblada y hasta el fondo», y aceptar que había perdido, que no había forma de recuperar nada, por injusto que fuera, y que con lo que tenía en ese momento debía salir adelante lo mejor posible. Fueron años durísimos. ¿Cuántos? Por lo menos catorce; durísimos. Y si no hubiera sido por la ayuda que tuve de mis amigos —ayuda profesional, emocional, económica—, no sé cómo me encontraría ahora. Autocompasión, autocomplacencia, pedir ayuda, soporte emocional y actitud para seguir centrada en lo único que dependía de mí: trabajar y desarrollar mi carrera.

Ante estas situaciones, lamentarse, quejarse, llorar o actuar con victimismo no nos devolverá lo perdido. Solo conseguirá que nos sintamos como marionetas en manos del destino. En cambio, sí puedes aprender a gestionar ese momento con otros recursos que te conferirán mayor control; tal vez no sobre lo ocurrido, pero sí sobre tu gestión de lo ocurrido.

Actúa y toma el control. Aunque no tengas control sobre la globalidad de la situación, sí puedes dejar de prestarle atención. Por dura que sea la situación, siempre hay algo que puedes hacer.

Haz interpretaciones positivas y racionales. No eres la víctima de todo, no todo está contra ti, no te mereces lo que está pasando, no eres peor persona, esto no es un castigo. Sencillamente es la vida, con sus piedras y sus flores. No personalices, solo te causará dolor. Mucha gente sufre, cada uno tiene lo suyo. No eres la víctima, eres una más. El victimismo solo te traerá incapacidad para controlar lo que sí sea controlable.

Normaliza tu vida. Mucha gente, cuando sufre algo inesperado, rompe enseguida sus rutinas. Esto los lleva a estar más descontrolados. No abandones tu rutina. Normalizar tu vida es coger el control y centrar la atención en lo que suma. Apetece llorar, dejar de esforzarse, dejar de ir al trabajo, encerrarse..., pero no conviene. Conviene desahogarse y expresar lo que se siente —no te pido que ningunees tus emociones—, pero trata de que sea un acto depurativo; no te recrees en ti mismo y en tu dolor.

Céntrate en los demás. Siempre hay gente alrededor que te necesita. «He encontrado el significado de mi vida ayudando a los demás a encontrar un significado en su vida», dijo el psiquiatra Viktor Frankl, víctima de los nazis en los campos de concentración. Centrarte en los demás y ayudarlos puede ser tremendamente gratificante.

Relativiza. Relativizar es una herramienta muy saludable, permite poner en perspectiva los problemas. ¿Lo que hoy es tan importante también va a serlo mañana? Esto por lo que no puedo conciliar el sueño ¿de verdad merece tanta atención por mi parte? ¿Hay gente, sobre todo cercana, que esté peor que yo?

Busca apoyo y bienestar. Rodéate de personas que te inspiren, que te alegren, que sumen. La vida, al margen de este episodio, sigue. Cuanto antes te orientes hacia el placer y trates de tener una vida plena, antes saldrás del bucle. Ya sé que cuando se tienen problemas, problemas gordos, el alma no está para fiestas. Pero dejar de reírte, encerrarte en ti mismo o estar irascible con los demás, te alejará de los tuyos y te amargará. Esta tampoco es la solución. Recuerda: la adversidad forma parte de la vida. Es más fácil aprender a convivir con ella que pretender evitarla.

Puedes ser autocomplaciente y crítico.
Puedes ser autocomplaciente y luchador.
Puedes ser autocomplaciente y feliz.
Puedes disfrutar de cómo eres ahora y de lo que tienes y aun así querer esforzarte para tener otra vida mejor.

Los cambios que desees para ti no significan que te rechaces en el presente. Los cambios sirven para diseñar el camino y trabajar en él. No serás feliz cuando llegues, lo serás disfrutando del proceso.

Diario de a bordo para vencer la adversidad y superar todas las crisis

La autocomplacencia no significa dejar de comprometerte contigo, tu entorno y tu vida. Significa que aprenderás a ser y estar sean cuales sean las circunstancias a tu alrededor.

A través de la autocomplacencia nos permitimos vivir serenos incluso en un entorno difícil. Y nos permitimos disfrutar.

A pesar de ser autocomplaciente, puedes seguir trabajando tus áreas de mejora, pero desde el disfrute personal, no de la autocrítica.

Ni la exigencia, ni el perfeccionismo, ni la filosofía de «más es mejor» te darán la felicidad.

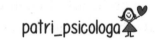

10

El poder de tu fuerza interior

A las puertas de 2020, esperaba sinceramente un gran año por la simple chorrada de que me gustaba el número en sí. Si en ese momento nos hubieran anunciado lo que pasaría y nos hubieran preguntado a cualquiera de nosotros si seríamos capaces de soportar lo que se nos venía encima, habríamos dicho que no.

La noche del 31 de diciembre, mientras nos zampábamos las uvas e íbamos pidiendo deseos, no sabíamos que el año iba a girar, a ser caprichoso, a sorprendernos, a machacarnos, a sumirnos en la mayor crisis sanitaria y económica que habíamos vivido.

El año 2020 no pasará sin pena ni gloria. Al revés, pasará a la historia.

Llegó el caos. El absoluto caos. Sobrevino sin pedir permiso, nos llegó a través de un telediario, mejor dicho, de una rueda de prensa. Se dice, se oye, se intuye... y se nos confinó.

Ese viernes 13 de marzo estábamos en casa todos menos uno. Cuando mi hijo Pablo llegó a las cinco y veinticinco del colegio me sentí aliviada, feliz. «Ahora ya estamos todos a salvo», pensé, como si ese viernes por la tarde merodeara un monstruo por las calles que no hubiera existido esa misma mañana. El coronavirus.

Yo esa tarde tenía que estar en Gijón impartiendo un taller para aprender a gestionar la ansiedad, y al día siguiente, el sábado 14, actuaba junto a mi amiga y compañera Silvia Congost, en el teatro Jovellanos de Gijón con nuestra función *Diez maneras de cargarte tu relación de pareja*.

La semana anterior ya había revuelo. En Madrid los niños ya habían dejado de asistir a clase. Y yo me debatía entre anular el taller o no, a la espera de ver qué decidía el teatro Jovellanos. Pero llegaron las peores noticias. Para preservar la salud se puso España patas arriba. No imaginamos lo fuertes que somos hasta que nos enfrentamos al caos.

Sí, todos somos mucho más fuertes de lo que pensamos. Esto es así. ¿No te ha pasado alguna vez que cuando ocurre lo que más temes, o cuando te ves abocado a una desgracia, reaccionas con más entereza, madurez y serenidad de la que habrías imaginado a priori? Eres fuerte, pero no lo sabías.

Y no lo sabías porque no habías tenido la oportunidad de ponerte a prueba. Si viviéramos a diario situaciones duras o crisis importantes, estaríamos física y mentalmente agotados.

Gran parte de nuestra fuerza interior viene indiscutiblemente de nuestros valores —la disciplina, la fuerza de voluntad...— o de tener una actitud positiva. Pero de los valores hablaremos en el último capítulo. ¿De dónde podemos tirar cuando vienen mal dadas? ¿Qué tenemos que saber de nosotros? ¿Con qué debemos estar en paz? ¿Cuáles son nuestras reservas emocionales, mentales y físicas?

A algunas personas, introducir hábitos saludables —el ejercicio físico, alimentarse bien, meditar, descansar...— les supone un cambio en su estilo de vida que no están dispuestas a adoptar. Pero este fondo de armario interviene directamente en la regulación emocional, y aunque implica salir de la zona de confort, de verdad que luego se agradece. Los cambios siempre requieren tiempo, organización y planificación, establecer prioridades y, sobre todo, sobreponernos a la pereza.

Nuestro cuerpo y nuestra mente necesitan reservas, nutrientes, un estado de salud óptimo para poder hacerse cargo de las situaciones problemáticas y de nosotros mismos. Si no cuidamos lo más básico, nos será difícil razonar desde la serenidad, mantener la esperanza para seguir luchando cuando necesitamos esa fuerza... Este tipo de actividades ayudan a regular nuestros neurotransmisores, claves para sentirnos tranquilos y con buen humor.

Mucha gente se lanza a hacer dietas descabelladas para perder peso y se salta lo básico, que es llevar una vida ordenada y unos hábitos saludables. Y eso es básico también cuando buscamos sentirnos serenos, animados, con ilusión, con la vitalidad que exige una crisis o salir de ella.

No dormir nos hace tontos, gordos y enfermos. Tontos porque al día siguiente disminuye nuestro rendimiento cognitivo; gordos porque con sueño se come más y peor, y enfermos porque las defensas bajan y el riesgo de enfermar aumenta. Se ha demostrado que el sueño regula la actividad de las células madre implicadas en la inmunidad.

No dormir genera desesperación, y en una situación así es muy fácil tirar de medicación. ¿Por qué es tan desesperante? ¿Qué función tiene el sueño? El sueño es reparador. La sensación de pérdida de tiempo, querer dormir y no poder, ver cómo pasan las horas es aburrido y desesperante. La falta de sueño te impide funcionar correctamente durante el día. Y entras en un círculo vicioso. Tomas más cafés, estás de mal humor, incrementas tu ansiedad, tu ira...

¿Qué podemos hacer para conciliar el sueño y descansar?

No cuentes ovejas. Contar activa la mente, y para conciliar el sueño buscamos todo lo contrario.

Ten la misma rutina cada noche. Las rutinas, seguir un orden al hacer las cosas, nos dan seguridad y permiten que el cerebro se prepare para el siguiente paso: dormir.

Practica la relajación muscular para desactivar la activación de mente y cuerpo.

Ten una libreta en la mesilla de noche y anota todo lo que te preocupe. Cuando nos metemos en la cama, solemos activar la mente y rumiar todos los problemas del día. Si no los ponemos por escrito, aunque sea de forma breve, nuestra mente hará un sobreesfuerzo para que no se nos olviden, y eso facilitará que nos desvelemos.

No te obsesiones con la hora. ¡No mires el reloj del teléfono! Te desesperará ver que cada vez te queda menos tiempo de sueño y descanso y los propios nervios impedirán que concilies el sueño. Y no te repitas una y otra vez que mañana estarás hecho polvo.

Come para cuidarte, no para calmar emociones ni perder peso, sino para sentirte bien y a gusto contigo mismo. La comida no debe ser motivo de control o de prohibición. Tu vida social no debe verse limitada por la comida (dietas imposibles que te impiden tapear y disfrutar con la familia y los amigos). Comer debería ser un acto placentero, sereno, natural.

Estos consejos pueden ayudarte a relacionarte con la comida desde la tranquilidad:

Ten un anclaje. Elige un elemento que siempre esté presente y te recuerde que tienes que prestar atención.

Deposita los cubiertos en el plato mientras saboreas y masticas la comida. Reposar los cubiertos es un signo de no tener prisa y ayuda a comer con más calma.

Compórtate de forma amable con la comida. Come con delicadeza, despacio, atento, disfrutando y con agradecimiento hacia el momento presente.

Permanece en el aquí y en el ahora. Apaga el televisor, la tableta o cualquier distracción que te impida estar en el acto de comer.

Come despacio. Incluso cuando estés en la pausa del trabajo.

Come sentado. ¿Obvio? Pues no. Hay personas que comen de pie, pillan lo que sea en la cocina o de la máquina de *vending* y lo engullen.

Mereces alimentos saludables, mereces cuidarte. Si no te mimas tú, ¿quién lo va a hacer?

Sé agradecido. Comer es un derecho, pero, por desgracia, no está al alcance de todos.

A todos mis pacientes les digo que si practicaran más ejercicio tendrían que visitarme menos. El cuerpo está preparado para estar en movimiento, y no movernos nos enferma física y mentalmente. La actividad física y el deporte forman parte de nuestra salud integral. ¿Te ves mayor, con exceso de peso, te aburre hacer ejercicio, no encuentras tiempo, crees que no eres hábil? Cada uno tiene sus propias excusas, pero cada excusa tiene una solución. Cuando ninguneas la actividad física, cuando no encuentras un momento para practicarla, te estás maltratando. Maltratando en el sentido literal de la palabra: no estás tratando a tu cuerpo y mente como lo necesitan.

Para conseguir educarte en el hábito del ejercicio necesitas:

Un factor motivacional. El ejercicio revierte positivamente en la salud física en todos los aspectos. Mejora el sistema circulatorio, el corazón, los niveles de colesterol, la calidad del sueño, el sistema inmunitario, la calcificación de los huesos, te hace más fuerte y elástico.

Pero, además, llevar una vida activa mejora tus funciones cognitivas. Sí, tu mente: el ejercicio físico mejora la capacidad de concentración y atención, favorece la neurogénesis (que nazcan nuevas neuronas), reduce la degeneración neuronal, disminuye los síntomas de depresión, reduce la sintomatología ansiosa y aumenta la velocidad de aprendizaje.

Las personas activas se sienten más a gusto con su cuerpo y tienen un concepto más positivo de sí mismas. Se sienten capaces, disciplinadas, organizadas, seguras, activas, rejuvenecidas, fuertes, alegres y voluntariosas.

Elige algo que encaje con tu forma de ser, con tu tiempo y tus gustos. No todo el mundo tiene que ir a clases de zumba, jugar al pádel o salir a correr. Puedes realizar ejercicio en casa, si es más cómodo para ti, en la naturaleza, o en equipo. Lo importante es que esa actividad te divierta para que te siga motivando y repitas.

Conviértelo en innegociable. El ejercicio tiene que ocupar un lugar en tu agenda como lo ocupan el comer o el dormir. Trata de que esté bien organizado entre tus otras actividades del día. La idea no es salir a correr si te sobra tiempo, sino que correr sea una actividad más y que los imprevistos, salvo que sean importantes y urgentes, se ordenen en tu agenda en función de lo innegociable.

Busca compañía. Trata de contagiar tu propósito y de animar a tus colegas sedentarios. Empezar algo juntos es más fácil que adherirse cuando los demás ya están entrenados. Así tendréis todos el mismo nivel de novatos.

Empieza fácil. Treinta minutos, nada más. Empezar con media hora de desplazamiento hasta el gimnasio, una hora de clases y otra media hora de vuelta difícilmente te animará a seguir. Busca la manera de simplificarlo: pasear al trote media hora en el parque más cercano, bailar media hora en casa, apuntarte al gimnasio que tengas en la misma manzana, aunque no sea el que esté de moda... Facilítate el inicio para que no te dé pereza.

Hacer ejercicio no es un milagro de la salud. No te puedo asegurar que en el momento en que cojas el hábito serás feliz, te concentrarás mejor y disfrutarás más de la vida. Pero a lo largo de mis veintiséis años de consulta he visto «milagros emocionales» vinculados con la práctica de ejercicio. Recuerdo a un joven de veintiséis años que estaba estudiando el MIR y llevaba toda la vida triste. No sabía cuando empezó a sentirse triste ni qué lo originó, pero si echaba la vista atrás no recordaba instantes de felicidad en su infancia y adolescencia, no recordaba momentos de disfrute. Se describía como una persona triste, siempre con ganas de llorar, incapaz de vivir con alegría lo que sus amigos sí disfrutaban. Había conseguido sacarse la carrera de medicina cada año, era un buen estudiante, un buen hijo, no tenía conflictos familiares ni con los amigos. Su vida era estable. Lo primero que le pedí fue que empezara a cambiar su fondo de armario emocional, meditar y hacer ejercicio. No había sido un chaval muy físico. No había jugado al fútbol, no había ido a atletismo. Comía de forma saludable y descansaba bien, pero no hacía actividad física de forma regular. Empezó por esto. Lo vi al mes siguiente, y dijo: «Desde que salgo a correr llevo un mes sin ganas de llorar». Volví a verlo dos meses después. Y nunca más. Solo recibo correos suyos contándome que aprobó el MIR, que había elegido pediatría, que llevaba una vida serena y con ilusión por muchas cosas. Y que nunca jamás habría pensado que correr le cambiaría su vida emocional. La terapia duró tres sesiones. Ahora se está preparando para la maratón de Boston porque, cuando acabe la pandemia y pueda viajar, quiere ir a correrla. Ni siquiera sé si llegó a practicar el siguiente paso del fondo de armario: meditar.

Meditar es una de las prácticas más saludables a nivel emocional y mental. Los budistas llevan realizándola desde hace más de 2.500 años y hoy contamos con investigación científica que respalda sus beneficios. La mayoría de las personas dicen que no encuentran tiempo para meditar. Pero no ser capaces de reservar ese tiempo para nosotros es no priorizar nuestra salud mental y física y la posibilidad de vivir una vida más consciente, serena y plena.

Si quieres empezar a disfrutar de los beneficios de meditar:

Busca una guía. Meditar no es una tarea sencilla, no nos engañemos, requiere de un aprendizaje y un entrenamiento. Busca un instructor, una aplicación o audios.

Ten más compasión, más paciencia y cero críticas. Cuando empieces a meditar, te darás cuenta de la cantidad de veces que la mente se va, divaga. No te preocupes, es normal. No te enfades, no luches contra ello, no decidas que la meditación no está hecha para ti. Nos ha pasado a todos.

Resérvate un espacio de tiempo para la práctica. La mayoría de la gente suele elegir la primera hora de la mañana, al levantarse. Es una forma de tomar conciencia del día y comprometerte con esa vida consciente. Trata de incorporar este ratito a tu rutina.

Pon menos el piloto automático y disfruta más del presente. Trata de extrapolar la habilidad que desarrollas durante tu práctica de meditación a tus actividades cotidianas.

Los beneficios de meditar van desde la mejora de las funciones cognitivas, como la atención, la concentración, la memoria, hasta la reducción de la ansiedad y el parloteo y el rumiar de nuestra mente. Conseguirás vivir una vida más consciente y disfrutarla más.

La relación contigo mismo debería ser un eje transversal, como el fondo de armario del que hemos hablado. Toda tu vida vas a tener que hablarte, que corregirte, que motivarte. Tendrás que pensar, decidir, elegir, y en cada uno de esos procesos establecerás una relación contigo.

¿No deberíamos cuidar el trato que nos damos? Nuestra forma de hablarnos, de comunicarnos con nosotros mismos, es crucial para sentirnos fuertes, capaces, seguros, vitales. Son estos estados emocionales los que nos permitirán recomponernos después de las consecuencias que deja una crisis.

Para tener una buena relación contigo mismo:

Háblate con amabilidad, respeto y cariño. Tus palabras son flechas que impactan en la diana de tus emociones. Tal como te hablas, así terminas sintiéndote y valorándote. Una persona que se valora, que se respeta, que se estima, se habla desde el aprecio, el respeto y la bondad. No se critica continuamente, no se debilita a sí misma, no se habla con desprecio, como si su persona no tuviera valor.

Aprende a tener un discurso interior contigo mismo basado en palabras positivas:

- «Puedo hacerlo.»
- «Esto es mi responsabilidad y me siento seguro para tomar la decisión.»
- «Puedo equivocarme, y no será un fracaso.»

- «Es normal que ahora me cueste, acabo de salir de algo muy duro.»
- «Solo necesito un poco de tiempo y paciencia.»
- «Puedo intentarlo otra vez, no tengo un tiempo límite.»
- «Todos tenemos ritmos distintos.»
- «Soy único, no me comparo.»
- «Estoy preparado, incluso para equivocarme.»

No creo en los discursos megapositivos tipo «Soy un crack y puedo con todo», porque no se los creen ni los gurús que los venden. Pero sí que sabemos a nivel científico que las palabras que utilizamos para describirnos nos hacen más fuertes o más débiles. Cambiar el idioma en el que tú te hablas sí es posible. Trata de dedicar cada día unos minutos a buscar en tu memoria a largo plazo palabras que sustituyan el vocabulario más duro o agresivo con el que sueles dirigirte cuando hablas contigo. Escribe esas palabras, repítelas durante el día, descríbete con más compasión, con más seguridad, con más amor.

Menos reproches, más oportunidades. Las mismas oportunidades que das a tu trabajo, a tus amigos, a tu vida, tienes que dártelas a ti. Deja de criticarte. Deja de hacer tanto juicio de valor. Atiende solo a tu momento presente. No es tan complicado. Pierdes el tiempo con tanta crítica y con tanto observarte a ti mismo..., sobre todo en lo tocante a tus errores.

Realza tus buenos momentos. Ya sean tus éxitos, tus momentos de estar a gusto, tu rato contigo, tu trabajo..., cada vez que vivas un instante del que disfrutes, por pequeño que sea, háblalo contigo: «Qué a gusto estoy», «Mira qué ratito más bueno de lectura», «Qué sabroso me ha quedado hoy el salmorejo», «Qué bien me está sentando este paseíto». Reconocer el placer en lo que hacemos permite disfrutarlo más —aunque estés a solas contigo—, mejorar nuestra autoestima y memorizarlo.

La libertad de elegir nos permite ser nosotros mismos. Entre dejarse guiar por completo, como el pastor que marca el camino a sus ovejas, y elegir todo con independencia de lo que digan los demás o a quién afecte, hay un mar de posibilidades. Aunque te sientas atado, siempre eres libre de elegir.

Nos cuesta hacerlo porque tenemos miedo al rechazo, miedo a no ser aceptados por nuestras decisiones, miedo a la crítica, miedo al fracaso, miedo incluso a quedarnos solos por las elecciones que vayamos tomando en la vida.

Cuando eliges en función de lo que los demás esperan de ti, también estás eligiendo. Eliges por ellos, eliges la vida que a ellos les place, eliges no tener conflictos, pero eliges. No digo que esa elección te haga feliz, pero es una elección.

Así que deberías preguntarte: «¿Voy a elegir para tratar de ser feliz o voy a elegir para tratar de evitar conflictos y complacer a los demás? ¿Voy a elegir para tener una vida segura, predecible, controlada, o voy a elegir a pesar del riesgo, la inseguridad y la incertidumbre?».

Antes de elegir es importante que examines tu escala de valores. Te será más fácil elegir cuando tengas claros tus valores.

Lo contrario de elegir sería quedarte colgado de la duda. Para ser atrevido con la duda y que esta deje de ser paralizante...

Aprende a dudar de la duda. Con ello evitarás la paralización y, aunque parezca mentira, se reducirá tu inseguridad. Piensas: «Tengo miedo a equivocarme en mi decisión, puede que el proyecto que quiero comenzar no sea tan atractivo como ahora me parece», pero duda de ello. O, si tienes miedo a verte sola toda la vida, cambia tu «Dudo que pueda encontrar pareja si me separo» por «Dudo que sea imposible encontrar pareja si me separo».

Dales a tus dudas el mismo valor que das a los pensamientos. Lo que valen son tus actos. Y una duda es un pensamiento. O sea, pasa de ellas.

Pregúntate: «¿Por qué debería tener valor mi duda?». ¿Por qué tendría que ser real?

Anticípate. Busca soluciones o vías para estar preparado en caso de que ocurra lo que tu duda te dice. En lugar de paralizarte, actúa y ten un plan B.

Busca una buena motivación, de tal manera que el deseo de hacer o de tener algo sea siempre superior a la duda. «Sí, ya, eso puede pasar, pero aun así quiero intentarlo.»

Recuerda historias pasadas en las que dudaste e interviniste, tomaste decisiones. Analiza qué pasó y cómo lo lograste.

«Es mejor tener decisión que tener acierto.» Esta frase es del psicólogo deportivo Gary Mack. Si no tomas decisiones, nunca tendrás acierto. Cuando te comprometes con una decisión y un cambio en tu vida, es muy importante dejar de contemplar la posibilidad alternativa. ¡Ya has hecho una elección!

No esperes a tomar decisiones importantes en momentos en que te veas sumido en lo más hondo. Es más fácil acertar cuando estás incómodo pero no hundido. A veces esperamos a tocar fondo, pensamos que entonces alcanzaremos la iluminación. Pero cuando tocas fondo, tu autoestima, tu energía y tu estado de ánimo también lo tocan. Y entonces cuesta mucho salir del pozo.

Ya sé que desde la incomodidad no es fácil tomar decisiones, porque, al fin y al cabo, uno solo está medianamente tranquilo, no del todo a disgusto. Pero de verdad te digo que ese es el momento ideal. Ahí todavía te queda motivación, capacidad de planificación, energía, confianza, para comprometerte con una decisión.

Tomar decisiones requiere un análisis de ventajas y desventajas, tanto a corto plazo como a largo plazo. Pero aun así hay personas a las que les cuesta decidirse. La mayoría de las veces es por el miedo a la pérdida, porque cada vez que eliges una opción, eliminas otra. Pero tomar decisiones nos libera. De hecho, la propia situación de estar en el proceso de elegir suele generar ansiedad. Y en el momento en que te decides, te liberas.

Podríamos poner muchas directrices para tomar decisiones, pero te lo haré fácil. Esta es la única regla: márcate un tiempo —dos horas, dos días, seis meses...— para tomar esa decisión, y en la fecha prevista, tómala. Con el riesgo, con el miedo, con la inseguridad, pero tómala. Nadie más lo va a hacer por ti.

La experiencia es el aprendizaje natural de la vida. La regla suele ser: a mayor madurez, mayor experiencia..., y viceversa. No solemos aprender de los consejos de los demás, sino de nuestra propia interacción con el entorno, con el trabajo, con las personas, con nosotros mismos. Aprendemos por ensayo y error. Aprendemos lo que deseamos repetir y lo que queremos olvidar porque la experiencia nos ha reforzado o nos ha dado un calambrazo.

La experiencia nos da seguridad. A base de insistir, de repetir, de automatizar, cada vez nos vamos sintiendo más seguros con lo que hacemos.

La experiencia también permite relativizar. Al inicio, todo nos parece más importante, más serio, más arriesgado. A medida que tenemos más experiencia todo toma otro color. Relativizar es el filtro para distanciarnos de lo que no es importante y evitar así que nuestras emociones nos limiten.

Y la experiencia nos empodera. Nos sentimos más fuertes, capaces y resolutivos cuando sabemos el cómo de la vida. A lo largo de tu vida has superado muchos momentos, buenos y malos, que te han dado herramientas, consciencia de tus fortalezas y la seguridad de que puedes luchar por lo que deseas.

La creatividad suena a algo ajeno a nosotros, algo que aportan las musas y la inspiración, algo que llega sin que lo convoquemos. Es decir, nos vemos ante la creatividad como seres pasivos, sin capacidad de provocarla. O simplemente creemos que hay gente que es creativa y gente que no lo es. Pero todos somos creativos. La creatividad parece estar sujeta a la modulación y estimulación, aunque los estudios neuropsicológicos sobre este tema son todavía muy recientes y queda mucho por conocer.

Como afirma la psicóloga Teresa Amabile, la creatividad se nutre de motivación intrínseca, algo de inteligencia, libertad, tener apoyos y desafíos positivos. Veamos cómo podemos potenciar nuestro pensamiento creativo:

Dedícate a lo que te apasiona. Es mucho más fácil encontrar ideas originales cuando trabajas en algo que te gusta de verdad, no en algo que te da seguridad o dinero. Tal vez suene utópico, pero seguro que en algún momento, si ahora no es posible, podrás realizar cursos que enriquezcan tus pasiones.

Trabaja tu pensamiento lateral. En 1941, el ingeniero suizo George de Mestral llegó a su casa cubierto de unas pequeñas plantas redondas llenas de pinchitos que se le habían adherido a la ropa mientras paseaba por los Alpes con su perro. ¿Y qué hizo? ¡Eureka, inventar el velcro!

Pongamos que la cocina es tu pasión pero en tu trabajo te dedicas a labores comerciales. Puedes sacar conclusiones de tu afición y, aunque no tenga nada que ver, aplicarlas en las técnicas de venta. Quizá ahora te parezca absurdo, pero eso es porque no tienes entrenada esta facultad.

Necesitas retos, desafíos positivos. ¿Qué quieres alcanzar? ¿Con qué sueñas? ¿Con qué te divierte fantasear?

Utiliza tu talento. Todos tenemos talentos. ¿Hay algo que te salga de forma natural, que te divierta, a lo que puedas dedicar horas sin cansarte y que puedas aplicar a tu trabajo?

Abúrrete. Anulamos nuestra capacidad creativa porque no le damos tiempo a manifestarse. Enseguida que nos aburrimos tratamos de volver a estar ocupados. Huimos del aburrimiento, pero aburrirse es fundamental para poder crear. Dedica un tiempo a no hacer nada. No hacer nada es no hacer nada, no es jugar con el móvil. Es dejar que la mente vague. No hacer nada estimula y beneficia nuestro cerebro. Es difícil que la creatividad surja cuando el cerebro está ocupado pensando y resolviendo situaciones.

Practica deporte. El funcionamiento cognitivo mejora cuando realizamos alguna actividad física. Son muchas las ideas creativas que surgen cuando estás corriendo, nadando o practicando cualquier deporte.

Piensa en verde. No, no es un anuncio de cerveza. La vegetación nos hace más creativos. Tener flores y plantas en el entorno laboral, así como en los patios de los colegios, incrementa en un 15 por ciento la creatividad. La naturaleza —incluso el color verde en la decoración— nos calma y nos da serenidad; para nuestros ancestros significaba tener comida.

Decora tu casa y tu centro de trabajo de forma estimulante. Los lugares grises, marchitos y aburridos generan ideas grises, marchitas y aburridas. ¿Crees que Google decora sus oficinas solo por hobby? No, los colores y las diferentes temáticas de las salas de reuniones actúan como estímulos que enriquecen al cerebro.

Cambia el entorno. La sala de reuniones o tu despacho, la cocina o el salón de tu casa suelen ser los espacios escogidos para el análisis, la presentación de ideas y la toma de decisiones. Pero si siempre piensas en el mismo sitio, siempre los mismos estímulos externos condicionan tu forma de pensar. Sal de ahí. Camina por el parque, ve a un restaurante, organiza una salida a un museo con tu equipo de trabajo. Verás que cambiar de entorno genera ideas distintas.

Dibuja un punki. Antes de buscar soluciones creativas, dibuja un punki, un friki, un carnavalero de Cádiz, un payaso..., un personaje que escape a una mente cuadriculada. Jens Förster, de la Universidad Jacobs de Bremen, pidió a un grupo de personas que dibujaran y describieran a un punki y a otro grupo de personas que dibujaran y describieran a un ingeniero. Después les pidió que realizaran una prueba de creatividad, y los del grupo del punki fueron más creativos. Yo pedí a dos grupos de alumnos míos que dibujaran a un ingeniero y a un carnavalero gaditano. Fue sorprendente las diferentes soluciones que aportaron al problema que posteriormente les planteé. Espectacular.

Saber gestionar tus emociones forma parte de la inteligencia. Todas las emociones tienen un sentido en nuestra vida, tanto las que nos hacen disfrutar como las que provocan que nos sintamos mal. Cada bache y cada éxito aportan experiencia que te ayudará a lidiar con la pena, con la tristeza, con la frustración y con el miedo.

No solo es importante saber lidiar con las emociones. También es importante saber provocar estados emocionales que nos permitan vivir una vida plena, crear a nuestro alrededor un entorno físico y emocional en el que podamos disfrutar y sentirnos serenos. Saber cómo sentir más y mejor.

Podríamos decir que el motor de la felicidad son las emociones que nos hacen sentir bien. La investigadora Barbara Fredrickson, de la Universidad de Carolina del Norte, afirma que las diez emociones positivas más comunes son alegría, gratitud, serenidad, interés, esperanza, inspiración, amor, orgullo, diversión y admiración.

La alegría se expresa a través de la sonrisa. Haz una lista de las personas y actividades que te producen alegría y trata de buscarlas en lugar de esperar a que lleguen. Puedes participar de forma activa para sentirte más alegre.

La gratitud es un acto de consideración con el regalo de la vida, con el hecho de estar vivo, de poder disfrutar de lo que te rodea. Cada noche, antes de quedarte dormido, trata de agradecer tres cosas que hayan ocurrido en tu vida.

La sensación de serenidad puede ser una de las emociones más reconfortantes, más incluso que la alegría. La persona que siente que lleva una vida serena, también siente paz y equilibrio. Está a gusto consigo misma y con su vida. Haz una lista de todo aquello que te produce serenidad. Y empieza a practicar una de esas cosas por semana.

Interés es curiosidad, prestar atención, misterio. La idea es que nuestra mente desee seguir aprendiendo, sentir el impulso de explorar y de saber más. Interésate cada día por algo nuevo: leer a fondo una noticia del diario, aprender palabras nuevas o saber cómo están las personas de tu entorno.

Tener esperanza no es perder el tiempo en asuntos imposibles, como haría un iluso. Tener esperanza es mantener una actitud positiva mientras esperas, involucrándote en aquello que controlas. ¿Recuerdas en qué momentos de tu vida te ayudó tener esperanza para seguir persistiendo, para mantener el ánimo, para seguir luchando? Estos recuerdos pueden ayudarte en momentos en los que flaqueas y pierdes la esperanza.

La inspiración es el inicio, el alma de todo proyecto. La inspiración es la musa de los artistas. Pero todos somos artistas porque todos tenemos talentos. ¿Con qué te inspiras tú? ¿A qué podrías dedicarle horas sin darte apenas cuenta? ¿Qué te lleva a desarrollar tu creatividad?

El amor sin duda es el sentimiento, la emoción, el estado, por excelencia. Sin amor estaríamos muertos. El amor a la vida, a las personas, a nuestra profesión o nuestras aficiones es lo que nos mantiene ilusionados, felices y con ganas de vivir. ¿De qué o de quién estás enamorado? ¿Qué te despierta ese sentimiento?

El orgullo nos alimenta y engorda nuestra autoestima. A través del orgullo nos sentimos fuertes y poderosos. Se establece con él una relación de causa-efecto: si me esfuerzo, si trabajo duro, alcanzo mi meta y me siento poderoso. ¿Recuerdas la última vez que sentiste ese orgullo positivo que te hizo saber que sí podías?

Divertirse es la mejor manera de disfrutar, incluso de las actividades que menos nos apetecen. La diversión hoy en día está relacionada con la eficacia y la productividad. Busca momentos en el día en los que puedas divertirte; provoca la diversión en tu vida, como cuando eras niño.

La admiración y el amor van de la mano. En el momento en que dejamos de admirar a nuestra pareja, nuestro trabajo, a nosotros mismos, perdemos el interés. Admirar nos lleva a observar con otros ojos, con la mirada de quien siente deseo por algo o por alguien. Haz una lista de todo aquello que admiras de tu pareja, de tu profesión, de tus hijos, de tus amigos... Verás cómo el mero hecho de pensar en ello y apuntarlo te alimenta los sentidos.

Las crisis forman parte del pasado. Y una vez que las hemos atravesado, nos quedan dos opciones: ser víctimas del tormento, de los recuerdos, permitir que el pasado nos marque y nos condicione, o decidir ser protagonistas y cerrar carpetas.

Seguro que más de una vez te has visto atrapado en temas del pasado. Temas que te gustaría olvidar, que te duelen, pero que no eres capaz de cerrar. Si no los cierras, no eres libre, porque ese pasado que te hizo daño sigue haciéndotelo en el presente.

Sabemos que podemos elegir con qué enredarnos, así que busquemos la manera de dar carpetazo a los asuntos tóxicos o incómodos.

Existen diferentes razones por las que podemos ser víctimas del pasado: la pérdida de un ser querido, el dolor de una ruptura, una madre tóxica, la pérdida de un trabajo... Veamos distintos ejercicios prácticos que nos ayudarán a sentirnos mejor.

Escribe una carta. Cuando perdemos a alguien nos damos cuenta de todo lo que se nos ha quedado dentro y no hemos compartido con esa persona. Desde muchísimos «te quiero» hasta elogios, reconocimientos, regalos o caricias. Físicamente ya no es posible, pero sí que podemos estar en contacto, emocionalmente hablando, con la persona fallecida.

Anímate a escribir una carta o un diario en los que expreses, sin culpa, sin reproches, cómo te sientes, lo que echas de menos, todo eso que se quedó en el tintero. Escribir es reconfortante. Ayuda a poner en orden las ideas y a liberar sentimientos. No te asustes si te sorprendes llorando con este ejercicio. Llorar es positivo, te permitirá desahogarte y que luego te sientas mejor.

La caja de los olvidos. ¿Qué te parecería poder dejar en una caja todo aquello de lo que ya no te quieres ocupar más, todo aquello que te genera tristeza? No puedes dejar en una caja del olvido asuntos importantes que te preocupan de los que sí te puedes ocupar, pero sí temas como, por ejemplo, las etiquetas negativas; un abuso de poder en tu empresa; el error que cometiste en tu anterior trabajo que te remueve por dentro cada vez que le das vueltas; un o una ex que te trató de forma injusta y te tomó el pelo, o un accidente de coche. Estos temas no tienen vuelta atrás. Pasaron. Tuviste en ellos más, menos o ninguna responsabilidad, pero sabes que no hay manera de corregirlos ni de vivirlos de nuevo. Así que escribe cada tema en un papel. Escribirlos será un acto simbólico para alejarlos de ti. Y luego introduce cada uno de ellos de forma consciente en esa caja de los olvidos. Cuando metas el papel, repite un mantra del tipo «Me alejo de ti, eres un recuerdo, nada más que un recuerdo».

Meditación para dejar marchar. Beatriz Muñoz, instructora de *mindfulness*, describe una meditación que nos ayuda a dejar marchar. Se trata de poner delante de ti a la persona de la que te deseas alejar, pero a través de un ejercicio de visualización, es decir, no necesitas que la persona esté físicamente presente. Imagínala sentada enfrente de ti, cierra los ojos, y por muy doloroso que sea el momento, dile: «Te deseo paz, te deseo bienestar, te deseo salud y que la vida te trate bien». Y visualiza cómo lentamente la persona se aleja de ti, con armonía, con serenidad, con paz interior.

Para que tenga efecto, tendrás que realizar esta meditación en más de una ocasión. A veces es tan doloroso realizarlo, que una vez no es suficiente para generar el efecto positivo de esta técnica.

Realizamos este ejercicio no porque la persona se lo merezca, aunque se trate de alguien que nos haya tratado mal, sino porque el rencor, la venganza, hablar mal de alguien no alivia nuestro sufrimiento. Lo que sí lo alivia es dejar marchar, desatarnos de ese pasado.

Perdona. Perdonar no borra las cosas de la memoria, pero sí implica descartar acciones que te llevan a tomarte la justicia por tu mano. Perdonar también permite dejar de pensar en la idea de venganza, en lo que los alemanes denominan *Schadenfreude*. No tenemos en castellano un término para definirlo, pero sería la idea de disfrutar del mal ajeno como reparación por el daño que te han causado.

La persona que perdona no es débil. Al revés, hay que tener mucha fortaleza y unos valores muy definidos para ser capaz de perdonar: humildad, generosidad, espiritualidad, compromiso, benevolencia, altruismo, integridad, honestidad...

Psicológicamente hablando, perdonar no incluye la idea de reconciliación; es una experiencia interna en la que dejas de sufrir por el daño vivido. Se trata de encontrar la paz. Perdonar no incluye la colaboración de la otra persona, es una decisión que tú tomas, desde la tranquilidad, respecto a la ofensa. Puedes perdonar incluso cuando el otro no se disculpa. Así que no necesitas su disculpa, solo perdonar tú. Perdonar no significa que tengas que llevarte bien con la otra persona; es un acto de reconciliación contigo más que con quien te ofendió.

Para perdonar, puedes verbalizar hacia dentro o hacia fuera en voz alta algo tan sencillo como «Perdono lo que ha ocurrido, no puedo repararlo, no puedo cambiarlo, así que perdono». Sin más.

Lleva una lista de temas pendientes. Hay temas que no podemos cerrar. Bien porque no sea el momento, bien porque nos estamos anticipando, bien porque dependen de terceras personas. Cuando nuestra mente sabe que algo nos preocupa, suele taladrarnos con ello para que no se nos olvide.

Si tienes asuntos pendientes que ahora no puedes cerrar, pero que sí tendrán un curso distinto en el futuro, es decir, que están vivos, escribe. Una demanda pendiente, una revisión médica, un viaje, un contrato que tienes que firmar, una obra..., haz una lista con todo o crea una hoja de Excel en la que anotes: asunto, situación actual, personas relacionadas, teléfonos o correos de contacto, próxima reunión o fecha.

Con este simple ejercicio, tu cerebro sabrá que puede desatender esta información. Es decir, al estar todo escrito y organizado, ya no se verá en la obligación de tener que recordártelo para que no se te olvide. Y esto permite que tu mente se centre en el presente o en asuntos que sí puedas resolver ahora.

Introduce un cambio. Los recuerdos dolorosos están muy relacionados con otros estímulos: la decoración, la rutina, el lugar donde vives, los sitios de ocio que frecuentas... Modificar tu entorno puede ayudarte a olvidar. No se trata de cambiar por completo tu vida, sino de redecorar tu casa, tu habitación, variar tu forma de vestir, frecuentar restaurantes distintos, empezar actividades o aficiones pendientes. En definitiva, propiciar un cambio para generar nuevos recuerdos y, sobre todo, de evitar que los estímulos y el entorno del pasado provoquen recuerdos dolorosos.

Tira. Una forma más drástica de cambiar el entorno es deshacerte de recuerdos. Tendemos a guardar todo por miedo a la nostalgia. Tira regalos que te incomoden, tira fotos que te incomoden, tira lo que te dé malas sensaciones. Tira. No lo regales a personas cercanas. Si lo regalas, sabrás que tu amiga sigue teniendo lo que te hace daño. En todo caso, llévalo a quien no conozcas, como puede ser Cáritas o la Cruz Roja, y así ayudarás a otras personas.

Somos fuerza, somos brillo, somos ideas, somos resiliencia, somos capacidad. Somos tantas cosas..., pero qué poco confiamos en ellas. No somos todo, por supuesto que no, pero somos más de lo que imaginamos. Tú, que has vivido crisis como hemos vivido todos, sabes perfectamente cómo te creces cuando lo necesitas. Ese es un claro ejemplo de lo que llevas dentro.

Diario de a bordo para vencer la adversidad y superar todas las crisis

Recuerda: eres más fuerte de lo que imaginas; aunque no confíes en ello, lo eres.

Hay una relación directa entre regulación emocional y hábitos de vida saludables: descansar, comer sano, meditar y hacer ejercicio.

Vive tus emociones, provoca momentos de disfrute. Ten una filosofía que se base en querer disfrutar de la vida.

Toma decisiones a pesar de tus dudas.

Haz las paces con tu pasado.

11

De vuelta a los valores

Una de mis ilusiones durante el confinamiento era la idea de que pudiéramos mantener en el tiempo esos valores con los que muchas personas se estaban reconciliando. Valores como la generosidad, el sentimiento de pertenencia, prestar ayuda, hacer equipo. La gente salía a aplaudir a las ocho a los balcones, dejaba notas de agradecimiento en sus ventanas, hacían cosas por los demás, como cantar y tocar algún instrumento para entretener a sus vecinos, cocinaban para los sanitarios, agotados física y emocionalmente, y les dejaban el recipiente con comida en sus puertas. Incluso se originaron muchas asociaciones, grupos de ayuda, y aumentó el voluntariado.

Todos sufríamos y todos queríamos ayudar.

Durante el confinamiento tuve un *live* con mi amigo Perico* en el que hablamos de la vuelta a los valores y nos preguntamos, él con más esperanza que yo, si este cambio de valores se mantendría de forma natural pasado el confinamiento. Yo estaba segura de que nos iba a costar, de que cambiar durante un momento de crisis, en el que se altera tu rutina, tu vida, es fácil, pero mantener el cambio

---

* Este capítulo, «De vuelta a los valores», se ha escrito con la colaboración de Perico Herráiz, que desarrolla proyectos de transformación juvenil en Aragón, India y Marruecos en la ONG Cooperación Internacional.

cuando vuelves a lo que tenías, es más complicado. Perico, en cambio, era algo más optimista que yo, y mira que yo suelo serlo. Para él la propia experiencia positiva aportada por esos valores iba a transformar a la gente.

¿Y qué ocurrió después del confinamiento? Es fácil dar cuando puedes dar y cuando no cuesta dar. ¿A quién le costaba salir a aplaudir a un balcón, si no había otra cosa que hacer? Pero ahora, cuando tienes que ponerte la mascarilla, cuando tienes que respetar los grupos reducidos, cuando tienes que ser responsable, ahora cuesta más. En el momento en que comportarte con valores interfiere con tu comodidad..., amigo, ya no es tan sencillo. Y no todo el mundo está dispuesto a sacrificar parte de su ocio, de su bienestar, por el bien ajeno y grupal. Ni siquiera por el respeto a tanto fallecimiento y tanto sacrificio sanitario como hemos vivido.

Si hay algo que yo he valorado toda mi vida ha sido la coherencia. Cuántas personas presumen de tener valores pero cuando tienen que poner en práctica uno de sus valores restando comodidad a su vida, entonces la cosa cambia. Entonces ya no son tan coherentes, ni tan responsables, ni tan personas de bien.

Sabemos en psicología que cuando disfrutamos con una actividad, cuando algo nos hace sentir bien, tendemos a repetir. Incluso nuestro cerebro reacciona generando dopamina, el neurotransmisor de la recompensa. Todos nos sentimos genial cuando actuamos conforme a una escala de valores que ayuda a que el bienestar y la vida de otras personas mejoren. Pero por lo visto no nos sentimos lo suficientemente «bien» como para abandonar antiguas prácticas egoístas o irresponsables.

También sabemos que cuando nos sentimos vulnerables nos

sensibilizamos más. Y que cuando nos empoderamos nos sentimos tan seguros y todopoderosos que no vemos más allá de nuestro ombligo. Y esto es lo que sucedió durante la pandemia. Por un lado, el cambio de rutina, empatizar con el trabajo de tantas personas entregadas, profesionales que prestaban servicios de primera necesidad, sanitarios, militares, policías, bomberos..., querer ayudar y dedicar tiempo a ello. Y por otro, vernos vulnerables, posibles candidatos a estar en esas ucis en las que nuestros sanitarios daban la vida por nosotros.

Pero también es verdad que la mala actitud de un grupo no puede ensombrecer el ejemplo responsable de tantos miles y miles de ciudadanos que sí están siendo solidarios y cumplen con las precauciones establecidas. Tendemos a generalizar con más facilidad las conductas negativas que las positivas. Y, desde luego, el número de personas que suman y hacen equipo es mayor que el otro.

Anyway, centrémonos en los valores y en cómo conseguir que estos permanezcan pasada una crisis.

Si de verdad deseamos mantener estos valores que surgen en momentos de vulnerabilidad, si de verdad deseamos ser esas personas maravillosas con las que nos reconciliamos cuando ponemos en práctica una vida con sentido, tenemos que elaborar un plan. Los valores no llegan a nuestra vida y se quedan porque sean bonitos. Se quedan y seguimos comportándonos conforme a esa escala cuando la incorporamos a nuestra vida, cuando elaboramos un plan para que formen parte activa de nuestras rutinas y de nuestra forma de ser, sentir y actuar.

Por este motivo, Perico y yo pensábamos que era importante dar ideas, ejemplos y recursos para que tantos cientos de miles de personas que estaban valorando la ruptura con la antigua crisis de valores pudieran seguir ejercitándolos pasada la pandemia o cualquier otro tipo de crisis personal.

Valores importantes para sobreponernos a la adversidad son el sentimiento de pertenencia, la compasión, la paciencia, la solidaridad, la gratitud. Son valores de equipo, no valores para uno mismo. Se ha puesto de moda afirmar que tenemos que querernos más a nosotros mismos, cuidarnos, mimarnos, estar pendientes de nosotros, tener espacio y tiempo. Pero lo que de verdad ayuda a sobrevivir en una crisis no es la propia experiencia con uno, sino la experiencia con los demás.

Elaboremos un plan.

Todos somos parte de algo. Somos seres relacionales, vivimos en sociedad y necesitamos formar parte de «algo». Nuestra identidad se complementa en el contacto con los demás, primero con la familia, y luego con amigos, compañeros, vecinos, colegas... Somos valiosos por nosotros mismos, pero sin los otros no estaríamos donde estamos ni seríamos capaces de seguir sobreviviendo. Nos gusta ser parte de algo. De una comunidad, de una pandilla, de un equipo de fútbol, de una familia. Nos identificamos y nos sentimos acompañados y grandes.

Una de las variables más importantes que definen una vida plena es la calidad de las relaciones. Quien disfruta de buenas amistades, de un núcleo sólido de personas, que le aceptan y al que pertenece, goza de mejor salud emocional y espiritual. Su vida adquiere más sentido y posee mayor seguridad y confianza.

Durante la pandemia, aunque redujimos el contacto físico, pudimos empatizar con el personal médico, con los enfermos y vecinos. Empatizamos con todos aquellos que han puesto su trabajo a nuestro servicio. Y esta manera generosa de involucrarnos nos descubrió algo que tal vez habíamos olvidado. Ser parte de algo nos convierte en generosos, en humanos.

Al compartir todos el miedo y el sufrimiento, al sentirnos todos vulnerables, fortalecimos nuestra identidad como sociedad. Cuando nuestro sufrimiento recibe la compasión de los demás, nos sentimos acompañados y, en cierta medida, consolados.

El sentimiento de pertenencia, el compromiso, la entrega por los otros, la vocación de servicio... son valores que nos han unido. Y no solo durante la pandemia. Recuerda cómo arrimamos el hombro y nos entregamos cada vez que una desgracia nos ha sacudido, como los distintos atentados del 11-M en Madrid, el de las Ramblas en Barcelona o el de Cambrils. Cuando ocurre algún problema social, salimos raudos a ayudar. Lo llevamos dentro.

Muchos nos dijisteis en estos meses tan complicados que habíais redescubierto el sentido de pertenencia durante estos días. Fortalecer este sentimiento y disfrutar más con los demás es posible. ¿Cómo?

- Pregúntate: «¿Cómo puedo mejorar la vida de las personas que me rodean?».
- Comparte con amistades una actividad que hacías solo.
- Las actividades de voluntariado en familia o con amistades mejoran y fortalecen los vínculos.
- Llama o visita a ese familiar que lleva tiempo en la distancia.
- Apúntate a alguna asociación y comparte tus talentos con ellos.
- Cuando pasees o entres en contacto con otra persona, en el quiosco, en el supermercado, en tu escalera..., procura conec-

tar positivamente y saludar y sonreír. Nunca sabemos cuánto puede necesitar la otra persona esa palabra o gesto amable.

- Envía ya ese mensaje positivo y alentador que sabes va a generar mucha emoción y agradecimiento en el receptor. No lo dejes para mañana.

En nuestra mano está el seguir siendo mejores personas de lo que éramos antes de confinarnos.

La **compasión** es «la pena que nos provoca la desgracia de otras personas», dice el *Emocionario*, diccionario de emociones. La compasión se activa gracias a nuestras neuronas espejo, que son capaces de empatizar y sentir el dolor ajeno. Cuando algo nos duele, también nos mueve. Y en este caso tratamos de transformar nuestro dolor ayudando a quien sentimos más vulnerable, a la persona por la que sufrimos.

Para ser más compasivos con los demás, debemos pensar más en ellos y menos en nosotros mismos. Tener un corazón más grande. Ser conscientes de lo que tenemos y somos, valorar nuestras capacidades y posesiones, nos ayudará. Por ejemplo, cuanto más valore mi capacidad de ver, de mirar la realidad, los colores, la naturaleza, más compasión tendré cuando me encuentre con un invidente. Las personas más compasivas, además de sentir pena por el dolor ajeno, poseen la capacidad de disfrutar más de lo que tienen.

La experiencia de sentir mi propio dolor, tristeza, vergüenza o miedo también me humaniza frente al dolor de los demás. Nuestra propia vulnerabilidad es lo que más nos conecta con el prójimo. Si no sufriera limitaciones, sería mucho más difícil que me dolieran las limitaciones de los demás, empatizar con ellas. Así que esas emociones nada atractivas que padecemos pueden ayudarnos mucho.

Seremos más compasivos si evitamos huir del dolor ajeno, si permanecemos en contacto con situaciones en las que la gente sufre. No hay que rechazarlas, aunque no sean de buen gusto. Nos educa la mirada y nos ayuda a sentir en los demás. No nos encerramos dentro de nuestros muros.

Durante la pandemia hemos sentido compasión por los enfermos hospitalizados, las personas que han perdido a un familiar querido sin poder despedirse, la fatiga y el esfuerzo sobrehumano de los profesionales de la salud, la gente que trabaja en el sector de la alimentación y limpieza, etc. Y nos duele ver que la pérdida de empleo y los problemas económicos están afectando a tantas personas que lo están pasando realmente mal.

Y la compasión nos mueve a ayudar: nos ofrecemos a cuidar a los niños de la vecina que tiene que salir a trabajar, a realizar la compra a personas mayores, empresas cambian su actividad y fabrican EPI, etc.

Y después de la era COVID, ¿seguiremos siendo compasivos? ¿Qué podemos hacer para seguir ayudando a otros?

- Identifica los grupos de riesgo, las personas vulnerables; tal vez las tengas cerca. Invita a un café a una persona sin hogar, saluda con más afecto a la persona que pide en la puerta del supermercado, interésate por un vecino mayor que vive solo...
- Elige a alguien próximo a quien desees ayudar: un familiar, un amigo, un compañero de trabajo... y piensa cómo te quieres comprometer.
- Ponte un recordatorio para dentro de una semana, de quince

de días, de un mes; así no te olvidarás de lo que ahora estás decidiendo.

- Da más importancia a las personas que a las cosas; a servir y ayudar que a poseer.
- Procura ser más comprensivo con las personas que te rodean.
- Haz una lista de las cosas imprescindibles en tu vida y que tal vez no valores.

La **gratitud** es un acto de consideración con el regalo de la vida, con el hecho de estar vivo, de disfrutar de lo que nos rodea. La gratitud permite ver lo esencial, algo especial en las experiencias de la vida, por pequeñas y cotidianas que sean. Las personas sencillas son más capaces de descubrirlas. La gratitud y la humildad suelen bailar juntas.

Ser agradecido es mucho más que dar las gracias. Significa centrar tu atención y centrarte en todo lo que suma, tener una mirada más optimista hacia la vida. Las personas agradecidas son más realistas que nadie, ya que normalmente hay más cosas positivas que negativas cada día.

Damos por sentadas muchas de las cosas que ocurren a nuestro alrededor y no somos conscientes de que son un regalo. Nuestra vida es un sueño para millones de personas en el mundo, y si la pudiéramos compartir con alguna de ellas, sin duda, se convertiría en la persona más feliz de la comunidad, de la ciudad..., del universo.

Cuando uno pierde la salud es cuando más valora estar sano. Cuando perdemos es cuando ganamos, damos más valor a las cosas. Ahora, de distinta manera, todos hemos perdido, pero podemos mejorar en gratitud hacia muchísimas cosas que dábamos por supuestas.

En esta vida casi nada lo consigue uno solo. Vivimos en sociedad e interactuamos continuamente unos con otros. Reconocer nuestros éxitos como resultado de la labor de un equipo nos llevará a compartir los logros.

Nadie está a gusto con personas desagradecidas; son tóxicas, empobrecen las relaciones. Suelen estar pendientes únicamente de sí mismas y no valoran la aportación y el esfuerzo de los demás.

- Agradece cada noche tres cosas. Trata cada noche, antes de quedarte dormido, de agradecer tres cosas que hayan ocurrido en tu vida.
- Lleva un diario en el que apuntar todo aquello que agradeces a la vida. Escríbelo cada noche, con delicadeza, con atención, con mimo. Trata de que el momento sea especial para ti. Seguro que en algún momento de bajón, cuando las fuerzas emocionales flaqueen, te gustará leerlo y recordar dónde está la esencia de la vida.
- Llama a alguien y dale las gracias. Tenemos cientos de motivos para dar las gracias. Por hacerte un favor, por sacarte una sonrisa, por facilitarte la vida, por estar en los malos momentos, por el apoyo, por la lealtad, por lo que sea. Las personas que tenemos alrededor, esas personas a las que apreciamos y queremos, mejoran constantemente nuestra vida porque nos llenan de seguridad, de alegría, de apoyo; sentimos su amor. Esas personas forman parte del sentido que tiene nuestra vida.
- Sé agradecido en tus interacciones diarias. Con las personas que te atienden en el supermercado, en la farmacia, con el repartidor que te llama para saber si estás en casa y dejarte un envío, con quien sea. Hacer bien su trabajo es su responsabi-

lidad, pero si agradecemos su profesionalidad sentirán que su esfuerzo y dedicación valen la pena.

- Amplía tu agradecimiento a colectivos necesitados. Una manera de crear una cadena de gratitud es hacer partícipe del regalo de tu existencia a personas que te necesitan y tal vez no han tenido tus oportunidades.

La **paciencia** es la habilidad de esperar desde la serenidad. La paciencia no es un don. Es un valor que tiene relación con la virtud de la fortaleza y que todos podemos entrenar. No digas «Yo soy así» para justificar tu impulsividad, tu prisa y tu falta de paciencia. Tal vez eres así hoy, pero puedes dejar de ser así si entrenas.

Ser pacientes nos ayuda a disfrutar más del presente, a no ser esclavos de la inmediatez a la que nos vemos sometidos a diario.

Las personas pacientes sufren menos ansiedad y son menos irascibles. Piensa: ¿podrías haber hecho menos cosas el año pasado pero disfrutando más mientras las hacías?

Si deseas desarrollar más este valor...

- Toma conciencia. ¿En qué momentos, con qué personas, con qué actividades sueles perder la paciencia? ¿En las colas de los supermercados? ¿Cuando tienes a un torpón conduciendo delante de ti? ¿Cuando tus hijos no obedecen en casa? ¿Cuando tu pareja dice de salir a las cinco y a las cinco menos diez aún no se ha metido en la ducha? ¿Cuando tu madre te da consejos continuamente sobre cómo tienes que educar a tus hijos a pesar de que sabe que no compartes su manera de educar? Es importante tomar conciencia de los momentos en los que perdemos la paciencia para así poder prevenirlos. Se previenen anticipándonos.

- Planifica tu entrenamiento paciente. Elige actividades en las que a partir de ahora decidas ser paciente y escríbelas. Se trata de que decidas cuál es el comportamiento paciente para las situaciones que has descrito. Ensáyalas en tu mente. Imagínate comportándote de esa manera paciente en situaciones en las que sueles perder la paciencia. Disfruta de tu opción B. La opción A es la impaciencia. Y piensa que esa opción B también te representa; incluso te va a representar más a partir de hoy. No trates de cambiar todas las situaciones de golpe. Empieza solo por una, por la que más te apetezca.

- Cambia tu etiqueta. A partir de ahora eres una persona paciente, aunque no lo practiques durante el día. Las etiquetas condicionan tu forma de actuar. Así que cuanto más te lo repitas, antes empezarás a actuar así.

- Aprende a realizar todo a un ritmo más bajo. Eso no significa que tengas que ser lento ni dejado, solo que bajes un poco el ritmo. Habla, come, camina, respira, lee... más despacio, como si no tuvieras prisa. Porque a pesar de que tengas muchas cosas pendientes, ir rápido te llevará a cometer más errores, no a resolverlos antes. Recuerda el dicho: vísteme despacio que tengo prisa.

- Medita. Meditar nos ayuda a serenar la mente y apreciar el momento presente. Descubrimos la inmensidad de la vida y nuestra pequeñez aumentando la contemplación y reduciendo el activismo. Y estos beneficios no solo los sientes en el acto mismo de meditar, sino que el cerebro es capaz de asimilarlos y se transforma.

- Dedica tiempo a no hacer nada. Solo observar. La tarea de

observar, a pesar de que al principio creas que estás perdiendo el tiempo, conseguirá relajarte. La idea de «En este momento no tengo que hacer nada, ni siquiera con mi mente, solo observar» puede ser muy relajante. Una persona paciente es capaz de llevar a cabo este ejercicio sin desesperarse.

Estamos acostumbrados a nuestros «normales» (tener agua caliente, comer fruta fresca cada día, expresar nuestra opinión sin censura, ir al colegio, a la universidad y tener atención sanitaria gratuita). Ser solidario permite conectar con la otra «normalidad» de la vida, con aquellos para los que no es normal tener agua caliente, comer fruta fresca cada día, expresar su opinión sin ser castigados, asistir de forma gratuita al colegio o tener servicios sociales. Cuando una persona colabora y participa en alguna labor humanitaria o social, conecta con la realidad de quien sufre o está afectado por alguna desgracia. Esto nos humaniza y nos permite empatizar y ser conscientes de que no todos tienen las mismas ventajas, comodidades, bienestar y libertades.

La vida no es solo la que uno percibe, sino la que viven millones de personas distintas a nosotros. La **solidaridad** nos permite adquirir la perspectiva adecuada y relativizar. Los problemas en sí no son problemas; es el valor que nosotros les damos. Y ese valor está directamente relacionado con la respuesta de ansiedad. Cuanto más amenazante es el mundo en que vives, mayor es el nivel de ansiedad. Ayudar y colaborar con gente desfavorecida ofrece una imagen distinta y relativa de los problemas. La conexión que se genera hace que el altruista salga reforzado y se sienta bien, con lo que disminuyen sus niveles de estrés y mejora su estado anímico.

En esta sociedad en la que estamos acostumbrados a un nivel de bienestar máximo, comportarnos de forma solidaria con las personas en desventaja es educar en valores a nuestros hijos. Existen multitud de maneras de hacerlo. Solo hay que elegir la fundación u ONG con cuyo proyecto te identifiques y animar a tus hijos, bajo tu compañía, a que donen parte de su tiempo, de su amabilidad, de sus recursos o de sus juguetes para ayudar a los demás. Esto, además, les ayudará a abrir su mente, a conocer otras culturas, otros problemas, otras perspectivas. Y esto es educación. No todo son matemáticas y lengua. Las experiencias que puedan contar los niños con cáncer, los refugiados o los niños que están en casas de adopción enseñan sobre la vida. Una vida distinta de la que disfrutan tus hijos. Los niños pueden ocuparse de sus iguales o de animales, de la naturaleza o del reciclaje. Hay causas para todos los gustos y colores. Siempre hay algo que podemos hacer para contribuir a una sociedad mejor.

Durante el confinamiento un grupo de voluntarios universitarios dieron apoyo emocional y académico a menores en situación vulnerable mediante videollamadas. Imagina estar confinado en una casa mal aireada, con humedad, de dos estancias, sin mesa, silla e iluminación adecuada para seguir el curso académico, sin espacio para concentrarse... Esas llamadas fortalecían el vínculo emocional, activaban sus deseos de mejora y evitaban que se quedaran descolgados con el avance del curso. Pero el proyecto no se quedaba ahí. Para ayudarles a ampliar sus propios horizontes, adquirir perspectiva y convertirse en agentes activos en la pandemia, por cada hora de estudio conseguían donar un euro para comprar alimentos a familias indias que viven por debajo del umbral de pobreza. Así, además de estudiar, se solidarizaban directamente con zonas geográficas más vulnerables (esta iniciativa es de la ONG Cooperación Internacional y la empresa Bergner se comprometió a convertir las horas de estudio en euros).

Entre las ventajas de comportarse de forma solidaria está la mejora del estado anímico. Muchas personas que sufren depresión han visto en el trabajo voluntario y en ser solidarios una forma de empatizar con quien sufre en mayor grado. La solidaridad les sirve para sentirse útiles dentro de un trastorno que produce apatía y sentimiento de baja autoestima, incluso de desprecio hacia uno mismo por no verse capaz de nada. La solidaridad genera sonrisa en quien la recibe y en ti mismo, pues te sientes bien por ser capaz de hacer feliz a otros. Cuando contribuyes a la felicidad de otras personas, mejora tu estado anímico. Es algo que se contagia.

Ser solidario tiene un componente «egoísta», en el sentido en que tú también te sientes bien. Las conductas se mantienen por sus contingencias, es decir, por los beneficios y consecuencias que generan. El hecho de que ser altruistas nos haga percibirnos como buenas personas, por nuestra generosidad con el tiempo que dedicamos o con lo que contribuimos a nivel económico, hace que nuestro esfuerzo se refuerce y queramos repetirlo. ¿Qué ocurriría si ser altruista nos dejara indiferentes? Que dejaríamos de serlo. Muchos son los estudios que se han dedicado a averiguar si existen factores de la personalidad del altruista y si existe alguna conducta tan altruista como para no generarnos satisfacción, como podría ser la donación de sangre. Pero el mero hecho de saber que estás colaborando con el bienestar social, que estás ayudando a salvar vidas, que eres partícipe de una sociedad que te necesita y formas parte de esa globalidad, hace que te sientas bien.

Ser solidario también aumenta el grado de confianza que tenemos en el otro. Nos gusta relacionarnos con personas con valores, que dedican tiempo a los demás, que se alejan del mundo materialista en el que vivimos y que son capaces de compaginar su vida con la ayuda a otros. La imagen de una persona solidaria suele ser positiva. Con ello también mejora la autoestima de quien se comporta de forma altruista.

Al ser solidarios, no solo contribuimos a tener un mundo mejor, también nuestro cerebro cambia. Genera sustancias químicas como la dopamina, la serotonina y la oxitocina. Esta última es la llamada hormona de la compasión. Además de la liberación de estos neurotransmisores encargados de hacernos sentir placer, nuestro organismo segrega inmunoglobulina A, que permite que el sistema inmunitario nos proteja. Así que ser solidario nos hace ser más longevos y tener mejor salud.

Las personas solidarias tienen mayor capacidad para cohesionar equipos e integrar en ellos a personas de perfil muy variado. La conexión que generan suele ser consistente y transmiten compromiso, lealtad y entusiasmo.

Al margen del propio bienestar, cuando una persona pone sus talentos al servicio de los demás, su protagonismo con el desarrollo de la sociedad aumenta y alcanza un sentido de misión atractivo y sumamente contagioso.

Tú puedes formar parte de esta cadena. Tú puedes ser altruista. Cada vez que realizas un acto generoso y contribuyes a la felicidad del otro, consigues que esa persona quiera hacer lo que tú haces y que otros se sientan bien. Así que cuantos más participemos de esta cadena, mayor será el nivel de solidaridad entre todos.

Muchos creen que **ser bueno** es ser tonto. Se sobrevalora el individualismo por encima del bien grupal. En el día a día, nos ponemos a salvo antes de ayudar al otro.

Pero la historia nos ha demostrado que cuando nos sobreviene una crisis grupal somos capaces de sacar toda nuestra fuerza, generosidad, bondad. Así que solo me queda pensar que, al margen de vivir en esta sociedad consumista e individualista, todos, todos, llevamos la generosidad y la entrega por bandera. Esto se debe a la empatía, a las neuronas espejo que nos ponen en lugar del otro, que nos dicen que hay alguien sufriendo que podría ser tu madre, tu hijo, tu amigo. En ese momento el yo muere y nace el nosotros, el grupo, la tribu, las personas de bien. ¿No sería genial que esta parte nuestra tan maravillosa estuviera despierta todo el año, no solo en momentos trágicos o durante la Navidad?

Un amigo que estuvo ingresado en la UCI por COVID-19, con la salud muy deteriorada, me contó que al ver día tras día a las señoras de la limpieza, sintió la necesidad de agradecerles su labor y su profesionalidad. La respuesta de una de esas mujeres demuestra perfectamente qué significa la bondad: «Caballero, limpiar es muy fácil. Lo importante es saber arrancar una sonrisa al paciente». El trabajo como servicio, como ayuda para sanar el espíritu.

Mi amigo en la UCI otro día encontró una cuartilla en su mesilla: «Hola, soy Alejandra, una de las enfermeras que ha estado cuidándote. Te escribo esta carta para que sepas que no estás solo, que todas nosotras te estamos cuidando y acordándonos de ti en cada momento. Luchando médicos, enfermeras, auxiliares, limpieza, todo el personal del hospital juntos, para que te mejores y pronto puedas estar en casa. ¡Juntos vamos a superarlo! No queremos que decaiga ese ánimo, ya que todo va a ir genial. Aprovecho para despedirme, ya que es mi último día aquí, pero se queda contigo un gran equipo para cuidarte y yo sigo cuidando de otros enfermitos en estos días. Un abrazo. Tu enfermera».

En momentos así descubrimos que no estamos tan solos en el mundo y que el concepto de «familia» puede ser mucho más extenso. Además de la atención a la enfermedad, el cuidado a la persona que han ofrecido tantos profesionales sanitarios les ha permitido reducir su nivel de soledad.

¿Cómo podemos potenciar la bondad?

- Reflexiona, dedica tiempo a visualizarte como persona bondadosa. ¿Quién quiero ser?
- Piensa cada mañana en un cumplido que vayas a hacer a alguien.
- Piensa también en un favor que puedas hacer, aunque sea pequeño. Mi marido siempre saca al perro por la mañana. No es su obligación, pero sentó el precedente y siempre lo hace él. A mí me gusta más salir a correr al mediodía, pero hay veces que, aunque no me apetezca, salgo yo a correr a las siete con el perro. No le digo nada, porque él es excesivamente protector y bondadoso, pero lo hago por quitarle ese peso. Le digo que tengo ganas de correr y así se cree que lo hago porque me apetece a mí.
- Sonríe a todo el mundo. Cuando subas al autobús, cuando te atiendan en la cafetería, cuando te den el periódico, al revisor del AVE, en el taxi. Sonríe, es gratis y no sabes lo bien que sienta para quien interactúa contigo. El mundo está lleno de amargados que van con cara de que les deben dinero. Encontrarte con un sonriente es un regalo.
- Sé considerado. Siempre hay alguien que está peor que tú. Deja propinas, ofrece ayuda, trata a la gente con respeto y educación.
- Sé generoso. A la gente le cuesta mucho compartir, sobre todo sus ideas. Tienen miedo de que se las copien, de que les roben las medallas. Ser generoso es confiar en el otro. Es cierto que te encontrarás con trepas que te harán la cama, pero

debes correr el riesgo. Así también conocerás a gente tan generosa como tú que vale mucho la pena.

- Haz el amor y no la guerra. Ve en son de paz, no anticipes que te van a tratar mal, no anticipes malas intenciones, no anticipes el fracaso. Piensa que la gente responderá, que te ayudarán a resolver tus dudas o tu problema. Siempre hay tiempo para enfadarte si no te respetan o te atienden como necesitas.

- Sé honesto y justo. Siempre.

- No seas clasista, no distingas, no hagas juicios de valor. Nos relacionamos con personas, no con profesionales, ni con razas ni con religiones. Todas las personas merecen la mejor versión de ti mismo. Si hay algo que no soporto es a los prepotentes y arrogantes que se creen por encima de según qué personas, a los que diferencian entre clases. Me repatean el hígado. Sí, es de las pocas cosas que me repatean el hígado.

- No hay mejor receta para dormir bien que una conciencia tranquila. Actúa en función de tu escala de valores, siempre. Sé bueno, benevolente, educado, amable y, si puedes, simpático.

- Siembra, siembra, siembra, pero no esperes a la cosecha. Trata de que todo fluya, de que te salga sin medir y sin esperar el retorno. Así serás más libre para ser bueno.

- Muchas veces la mejor manera de ser bondadoso es aceptar con paciencia los defectos de los demás, no saltar a la primera; callar y dejar pasar, corregir una vez ha pasado el enfado inicial...

- Y también eres bondadoso cuando buscas el bien de la otra persona diciéndole con delicadeza aspectos de su carácter que le separan de los demás o le convierten en peor persona.

Esta valentía para dar la cara e ir de frente no está para nada de moda, pero nos ayuda mucho a mejorar y, en general, nos sentimos superagradecidos.

Los valores son nuestra guía, nuestra filosofía, nuestros principios para vivir. Sin valores estamos perdidos.

Son muchos los valores que nos ayudan a sobrevivir a los baches de la vida: la disciplina, la fuerza de voluntad, la capacidad de sacrificio... Pero estos nos ayudan más a nivel individual. Para Perico y para mí, en este capítulo y en este libro, dedicado a la capacidad de superación y a la resiliencia, era importante destacar esos valores que hacen que nos sintamos mejores personas porque nos ayudan a ayudar a los demás y hacen más fácil seguir sobreviviendo como equipo.

Diario de a bordo para vencer la adversidad y superar todas las crisis

Los valores nos definen. Son la imagen de lo que deseamos ser, de cómo queremos vivir, de cómo nos queremos comprometer.

Los valores que afectan a tu tribu, a tu grupo, te ayudarán a sobrevivir.

Si traicionas tus valores, te traicionas a ti y a las personas que te rodean.

Para superar una crisis es importante que te ayudes a ti mismo, por supuesto, pero sobre todo que ayudes al bienestar de tantas personas que te rodean.

Recuerda: la solidaridad, la paciencia, el sentimiento de pertenencia, la gratitud y la bondad nunca pasan de moda. Son los valores que nos ayudan a seguir creciendo como personas y como especie.

Sentirnos bien al comportarnos conforme a nuestros valores no será suficiente para que estos perduren. Lo hará elaborar un plan.

Los valores no son añadidos que embellecen el barco, es el viento que permite avanzar y disfrutar del océano.

Los valores están al alcance de cualquier persona, no dependen de poder, fama, dinero, cultura..., dependen del corazón.

Ten presente que cuando dejemos este mundo los demás conservarán en su memoria la bondad y los valores que fuimos capaces de generar.

«Para viajar lejos no hay mejor nave que un libro.»

Emily Dickinson

Gracias por tu lectura de este libro.

En **penguinlibros.club** encontrarás las mejores
recomendaciones de lectura.

Únete a nuestra comunidad y viaja con nosotros.

penguinlibros.club

Penguin
Random House
Grupo Editorial

penguinlibros